JN296439

あなたに贈る　ことばの花束

青山俊董

春秋社

装画　荒崎　良和

はじめに

古来より「出会いは人生の宝」と申します。

あのときあの方に、このときこの言葉に出会っていなかったら、今の私はなかったろうと思うお方や言葉の数々を、平成六年より十余年の長きにわたり、「中日新聞」の「ともしび」欄に紹介させていただいて参りました。

三百字余りの枠内でお伝えせねばならないため、意足らず、筆足らずのもどかしさをかこちつつの連載でございましたが。


このたび、春秋社の御厚意により、その中の百四十三篇を一冊にまとめて、皆さまのお手許にお届けすることになりました。

私の七十年の人生の歩みの中で、つねにまちがいのない指針となり、支えとなり、警鐘となりつづけてくれた言魂が、皆さまの御心にもさいわいにとどくことができたら、うれしく存じます。

さらには、天地の摂理のままに、つつましく咲く野の花の心を、そのままに描き出し、全篇に彩りを添えてくださいました荒崎良和氏に、心からの感謝を捧げます。

平成十八年九月白露の朝

青山　俊董　合掌

初出・「中日新聞」平成六年四月〜平成十八年一月

あなたに贈る　ことばの花束

手のつかぬ　月日ゆたかや初暦　　吉屋信子

元旦、手づかずの三百六十五日の暦を前に、さまざまの夢を描いてみることの楽しさ。すべての人に一日二十四時間、一年三百六十五日という、時間という財産が、全く平等に与えられている。

その一日二十四時間という財産を、三十時間にも四十時間にもして使いきる人と、反対に三時間か四時間ほどの内容としてしか使えない人とでは、そこに大きなひらきが出てくる。

あるいは同じ一つのことに対しても、それをプラスの方向へ、光り輝く方向へと転じて生きる人と、逆にマイナスの方向へ、闇《やみ》の方向へと転じてしか生きられない人とでは、全く違った人生が展開する。

しかもその財産を使う主人公は、ほかならない私であることを忘れまい。

すいせん（11～2月）

一という　はじめの数に　ふみ出《い》だす
日なり今日なり　正しくあらん　　九條武子

「正」という文字は「一」と「止」の合字で、「一以《も》って止《とど》まる」の意である。易経では「一は天を指し、二は地を指す」と語り、老子は「一は道であり、真であり善である」といい、さらには「純一無雑」とか「一筋」とか熟語にして、混じり気なしの姿をあらわし、「一家」「一国」となると全体を意味する。

したがって正月の「正」の字の心は、天の道、人の道に腰をすえ、いかなることがあってもガタガタせず、ここに止まり一筋にこれを守り抜き、しかも全体的展望の上に立って生きてゆくということになる。

初心の初の心も一の心。

この一年、一の心、正の心へと限りなく立て直しながら生きたいものと思う。

おおいぬふぐり（３〜４月）

みんなでいちばんいいものをさがそう
そして　ねうちのないものに　あくせくしない工夫をしよう　八木重吉

だれしもが幸せになりたくている。ただ何を幸せと思うかによって、おのずからその人の人生がきまってくる。

ウダエン王とビンズル尊者は幼なじみであった。一方は王となり、一方はすべてを捨てて出家し修行した。

あるとき王は尊者に言った。「私は今あらゆる富と権力をほしいままにしている。羨《うらや》ましくないか」と。

尊者はたった一言「ちっとも羨ましくないよ」と答えた。

王が幸せと思っている中身は持ち物にすぎず、持ち物などは条件が変われば泡沫《うたかた》のように色あせ、消え去るものであることに気づいていない。

持ち主私の、今ここの生き方を問うことこそ急務であるのに。

なのはな（2月）

冬の葱《ねぎ》は　きびしい寒気の中で　かたくならずに　柔らかくなる

榎本榮一

早春、雪をかきわけてなずなを摘み、春の香りをたのしむ。葱や野沢菜なども、霜にあうことで甘く柔らかくなるように、なずなも寒い冬を越えることで柔らかくなり香りも高い。

不幸を歎《なげ》く青年に語った。

「木に年輪が刻まれるのは、寒い冬のお蔭《かげ》なのね。寒さが厳しいほどに年輪は美しく刻まれる。寒さに負けて雪折れしたらおしまい。雪折れせずに冬を越えることができたとき、木に年輪が刻まれる。

人に年輪が刻まれるのは、辛《つら》いこと悲しいことに出会い、それをまっすぐに越えることができたときなのね。

わが心にかなわないことに出会ったら、私に年輪を刻んで頂けるときと、喜んで受けて立っていきましょうね」と。

なずな（2〜4月）

一《いち》発《ほっ》菩《ぼ》提《だい》心《しん》を百千万発するなり。

道元禅師

高校時代あまり成績のあがらなかった人が文化勲章を貰ったとき、同級生が集まってこう言った。「お前が文化勲章を貰うんじゃ、我々のクラスにはノーベル賞を貰う奴が何人もいなければならない」と。

その先生はこう答えたという。

「人生は一段式ロケットじゃ駄目だ。どんな威力のあるロケットでも一度きりじゃだめだ。一度噴射し、また噴射し、もう一度噴射して方向転換し、それでもだめならまた噴射して軌道修正をするというようにして進まねばならない」

「よしやるぞ！」というやる気が起きなければ何事も始まらないが、それは一度起こせばよいというものではない。今日も、明日も、一生起こし続けて初めて事は成就するのである。

「時は金なり」と、「時は生命なり」と。

古人の言葉

「時は金なり」といい、名をなし財をなして故郷に錦を飾るを、成功したと人は讃《たた》える。労働も時間も、人の生命までも金に換算され、その結果、人々は何を手に入れ、何を失ったか。

ありあまる物の豊かさの中で、大切な人間らしい心を失い、無感動、無気力な冷え切った人間が砂漠《さばく》化した現代社会に、魂を失った影のように生きている、ということではなかろうか。

「時は生命なり」とお釈迦《しゃか》さまは説かれた。

「一夜を捨つるは汝《なんじ》の生命を減ずるなり」と。

一日の時間を生きるということは、一日の生命を生きるということ。

一日の生命を、金や名誉を手に入れるための代償として費やすか、生命そのものを輝かすような生き方をするか。「時」という勅題に因《ちな》んで考えてみたい。

この世の中には四種類の人々がある。
闇《やみ》より闇に赴く人々、闇より光に赴く人たち、
光より闇に赴く人たち、および光より光に赴くものがそれである。　増阿含経

これは釈尊が、祇園精舎《ぎおんしょうじゃ》を訪れたコーサラ国王に語られた言葉である。この言葉から二つのことを学んでおきたい。

一つは、生まれとか育った環境とか能力とかいう「授かり」としかいえないことに対しても、動かしがたいもの、固定的なものとして受け止めず、そこにあらゆる可能性を認めてゆこうとする柔軟さである。

つまり「変えてゆくことができる」というのである。

二つ目は、その可能性を実現する主人公は、親でも兄弟でもない、私自身の今日只今《ただ》の生き方にかかっているということである。

二十一世紀の初春に当たり、一人一人が心して闇から光への歩みを進めていきたいものと思う。

愛語よく廻天《かいてん》の力あることを学すべきなり　道元禅師

古来、天子の言葉は絶対とし、たとえ道に反することでも従わねばならないものであった。

その天子の心さえ、真心からの愛の言葉で百八十度、方向転換させることができるというのが、この言葉のお心であろう。

植物も動物も愛の言葉をかけることで温和になったり、機嫌よく育ち、逆に罵倒《ばとう》したり叩《たた》いて育てると、枯れたり凶暴な性格に変わるという。

まして幼子を育てる段階で、朝夕に「あなたはよい子だ」「あなたならやれる」と言って育てれば、ほんとうにすばらしくなるであろうし、ダメだ、バカだと否定し、叩きつづけながら育てたら、育つべきものさえもダメにしてしまうであろう。

一つの命を生かすも殺すも、周囲の者の心一つ、言葉一つにあることを思うことである。

目がさめてみたら　生きていた　死なずに　生きていた
生きるための　一切の努力をなげすてて　眠りこけていたわたしであったのに
目がさめてみたら　生きていた　劫初以来《ごうしょ》　一度もなかった
まっさらな朝のどまんなかに　生きていた　いや　生かされていた

東井義雄

音もなく香りもなく姿もなく「時」は過ぎ去ってゆく。見えること、聞こえることに心を奪われ、ひそやかな「時」の足音や姿に心を止めることなく年月を過ごし、ある日ふと、髪に白いものが増えていることに気づいて慌てる。これがわれわれの姿である。

区切りのない「時」の流れに区切りをつけ、名もない「時」に師走という、正月という名をつけ、その「時」という乗り物に乗せられて、この生命も運ばれていることを意識にのぼらせようとした古人の智慧《ちえ》を思う。

「時」に使い古しはなく、つねにまっさらなように、まっさらな「時」に乗せられて生きる私の生命もつねにまっさらでありたいと思うことである。

子供を不幸にする一番確実な方法はなにか。

それは、いつでもなんでも手に入れられるようにしてやることだ。

ジャン・ジャック・ルソー

ヨーロッパの家庭で食事中に子供が騒いだ。父親は厳しく叱り、食事をとらせなかった。同席していた日本人が「厳しすぎるのではないか」というと、「今叱っておかねば子供が駄目になる。一度ぐらい食事を抜いても死にはしない」と父親は答えたという。

道元禅師は「遠近《おんごん》の前途をまぼりて利他の方便をいとなむ」と示しておられる。その人の、その子の遠い将来までも考えた上で、今どうするのが親切かを考えるというのである。

携帯電話を欲しいという子供に、なぜ必要か、大切な時間と経費を浪費してまでも持つ意味があるのかを、幾日もかけてねばり強く語りあい、納得の上でやめさせた知人がいる。

これだけの親切な親が、今どれだけいるであろうか。

当下《とうげ》に眼横鼻直《がんのうびちょく》なることを認得して人に瞞《まん》ぜられず……
朝々日は東より出で、夜々月は西に沈む……
三年一閏《じゅん》に逢《あ》い、鶏は五更《ごこう》に向かって啼《な》く　道元禅師

命を賭《か》けての入宋求法《にっそうぐほう》から帰られた道元禅師の、宇治・興聖寺開堂の第一声は「眼は横に鼻はタテに」「毎朝太陽は東から昇り、夜毎《よごと》に月は西に沈み」「鶏は明け方に啼く」ということに気がついただけで、「仏法などというものは一毫《いちごう》もなく」「空手で還《かえ》ってきたよ」という内容のものであった。

仏法とは特別のことを学び、行うことと錯覚しがちだが、そうではない。仏法という言葉も不要。手があって物が持て、足があって歩け、口があって食べたりしゃべったりすることができる。

この天地の、そしてその中にあっての私の、一切の生命の営み、あたり前の働きの他に仏法はなく、そのすばらしさに気づくことで、時々刻々に生命を輝かせて生きよ、と先聖は語る。

人生のほんとうの狙いは、ほんものの大人になることだ。…
「大人の定義」とは、自己が自己として片付いて愚図らないということ。
沢木興道《さわきこうどう》

東井義雄先生が、ある時黒板いっぱいに鯛《たい》の絵を描かれ「この頃《ごろ》はタイばかりが成長して…。アアシタイ、コウシタイ、アイツニクラシイ、コロシタイ…。このタイをどれだけ調御できるかが大人としてのバロメーターだ」と語られた。

小正月、女正月、若年《わかどし》などの名で日本の歳時記を彩っていた伝統行事が成人式の名に変貌し、日までも年毎《ごと》に変わるという味けないものになったことは残念だ。

釈尊は「大人として自覚すべき八つの教え」を遺誡《ゆいかい》された。

肉体ばかり大人になっても、自我中心の思いをふりまわし思うようにならないと愚図ったりあばれたりでは、全くの子供でしかない。

そういう自分をみごとに手綱さばきして、「あるべきよう」に向けるもう一人の私が成長してこそ、ほんとうの大人といえる。

蕗《ふき》ノトウ　ホホエム　雪ヲカザシテ　　柳宗悦《むねよし》

この句は柳宗悦さんが、不幸に見舞われた友人に贈られたものだという。蕗のとうにとって、雪は重く冷たく、ありがたくない存在といえよう。しかし、そのおかげで香りも味もよくなる。温室ものの それと比ぶべくもない。

この「おかげ」といただき、雪と和してゆく姿が「雪ヲカザシテ」の心であり、そのときおのずから笑みも生まれよう。

冬の寒さが木に年輪をきざみ、その年輪が木を守り、また、木目として木を飾る。常夏の国の木には年輪らしきものはきざまれないという。

人も悲しみ苦しみのおかげで、深みのある人間になることができる。

思うようにならないことをこそ、「私に年輪をきざんでいただけるとき」と喜んでゆきたいものと思う。

たとえば小水の常に流れて　即《すなわ》ちよく石をうがつがごとし　釈尊

およそ二千五百年前の二月十五日の夜半、釈尊は八十年の生涯を閉じられた。別れを惜しんで悲泣する弟子たちに、切々と説かれた遺言の教えが『遺教経《ゆいきょうぎょう》』として今日に伝えられている。

その中の一節に「もし勤めて精進すれば、どんなことでもできないということはないのだよ」と呼びかけ、そのたとえとして「わずかな水の流れでも、たゆることなく流れつづけていると、石さえもうがつことができるようなものだ」とお説きになっている。

一滴一滴の雨だれが下の石に穴をあけ、寄せ返す波が岸壁の巌を浸食している光景を見つめていると、この釈尊の遺誡《ゆいかい》が思い出され、「やれないんじゃない、やらないだけなんだな」と思うことである。

衆生《しゅじょう》を度せんが為《ため》の故に方便して涅槃《ねはん》を現ず

法華経如来寿量品《ほけきょうにょらいじゅりょうぼん》

師も自分も、いつまでも生きておれる、何も今日聞かなくてもいつでも聞ける、また の機会がある、と思うと、たちまち聞く耳、見る目が閉ざされてしまう。

今しかない、今回の機会しかない、明日はないんだという、待ったなしの命の姿に直面してはじめて目が醒《さ》め、聞く耳が開け、おかげで、師や法に出会うことができる。

師を失い、親を、夫を、妻を、子を、と大切な人を失うことの悲しみを通して、ようやくに気づく。それが凡夫私どもの姿。

死は「気づけよ、アンテナを立てよ」とお諭しくださる仏の、やむにやまれぬ慈悲の方便のお姿なのだという。

それほどまでにしていただかねば、目が醒めない凡夫の悲しさを思い、同時に仏の慈悲の深さを思う。

凡夫の持ち物を捨てたのを仏という　沢木興道

ルソーは『エミール』の中で「人間はだれでも、生まれるときには裸で貧しく生まれて来、死ぬときにも裸で貧しく死んでゆかなければならない」と言い、その中間を、女王とか金持ち、美人、さらには主義とかうぬぼれとか劣等感とか、さまざまな衣装を着込む。

しかもほとんどの人がその衣装にばかり心を奪われて一生を終わり、そのすべてを脱《ぬ》ぎ捨てて裸の私自身をどうするかを全く忘れている、と語っている。

八十歳を過ぎたおばあちゃんがポツリと言った。

「金や名誉は凡夫の餌《えさ》ですわね。餌のあるところには餌の欲しい人が集まります。凡夫の餌はないほうがよろしい」と。

私はお釈迦さまや道元さまのお声を聞く思いで、おばあちゃんの前に頭《こうべ》を垂れた。

参禅学道には正師を求むべきこと。（中略）
正師を得ざれば、学ばざるにしかず　道元禅師

道を求め、道を学び、行じてゆく上において、もっとも大切なことは、正しい師匠を求めることであり、正しい師を得ることができなかったら、むしろ学ばない方がよい、と道元禅師はおっしゃる。

さらに道元禅師は、師と学人のありようを大工と材木にたとえ、良材も良工の手によってはじめてその良さが発揮できるが、力のない大工に出会ったら、台無しにされてしまう。

反対に、たとえば曲がった材木、節だらけの材木であろうと、名工の手に出会うことができれば、曲がりや節を見事に生かしてくれる。

人においても同じことが言えるから、選びに選んで人生の正しい師を求めなければならないと示される。

我以外は　みなわが師

宮本武蔵（五輪書）

「何でもかんでも金々と欲がからんで、味けない時代ですなあ。親がよく云《い》いましたよ。『役人というもんは国をあずかるのがお役目。自分の財産をはたいてでも公《おおやけ》のために尽くして始めてよい仕事ができる。貧乏人は自分のフトコロに入る金を勘定したくなるからロクな仕事はできん。わしらのような貧乏人は役人にはなれん』と。

ところが今は総理大臣から始まって私欲ばかり。いい仕事のできるはずがありませんよ」

「人間、いつ死ぬかわかりゃしませんからね。みっともないことをコソコソやっていて、そこでオダブツして〝ザマアミヤガレ〟といわれないように、いつ死んでもいいようにチャンと生きていなきゃいけませんよ」

タクシーの運転手の言葉を仏の声として傾聴した。

この体　鬼と仏と　あい住める　詠み人知らず

教え子が言う、「お花を生けているときと、赤ちゃんを抱いているときの先生の顔、一番すてきで大好き」と。

私は答える、「お花や赤ちゃんは無垢《むく》であり、無心だからね。その無心なる心、無垢なる心に誘われて、私の中の無心なる心、無垢なる心がおどり出すから、とてもいい顔になるのでしょうね」と。

反対のことが言える。私の中の鬼なる心が、相手の中の鬼をひっぱり出すということである。

ゆく先々をなごやかにしてゆく人、ギスギスさせてゆく人、いろいろある。問題は向こうにあるのではなく、此方《こちら》にあることを忘れまい。

条件次第では、鬼でも仏でも何でも出す材料のすべてを持っているお互い。つとめて仏を出しあって生きていきたいものと思う。

身の威儀《いいぎ》をあらたむれば、
心も随《したが》って転ずるなり。

道元禅師

日々の生活の中で、心が千々に乱れるときがある。怠惰に流されそうになるときも、暗く沈みがちのときもある。
そういうとき、思いきって衣装を整え、背骨をシャンとのばし、腰を入れて正座し、深く呼吸をしてみる。不思議に心がしずまり、やる気が湧《わ》いてくるものである。

つまるところは　こころのもちようじゃ　のっけからそういう人は　信用しません
こころをととのえる　それは、とてつもなく　むづかしいことなのです。

これは小倉玄照老師が、道元禅師の「身の威儀をあらたむれば、心も随って転ずるなり」のお心を、詩にされたものである。
とにかく姿勢を正せ！　呼吸を調えよ！　それですべておしまいなのかもしれない。

おのれこそ　おのれのよるべ
おのれをおきて　誰《だれ》によるべぞ
よくととのえし　おのれにこそ
まことえがたき　よるべをぞ獲ん　　法句経

沢木興道老師は「仏法とは生活の全分を仏にひっぱられてゆくということじゃ」とおっしゃった。

車の運転に例えよう。気ままな私は、忙しいときには赤信号を無視して走りたいと思う。美しい景色に出合うと車をとめて眺めたいと思う。右折禁止も無視してまがりたいと思う。それを実行すれば交通事故を招く。

人生という大道を、私という車を運転してゆくに当たり、きままな私の思いを先とせず、天地の道理、仏のモノサシという交通ルールにしたがって運転してゆく。

それを「おのれをととのえる」といい、これのできる人を大人と呼ぶという。

三界の首かせという子を持ちて

心定まりぬわが首かせよ

窪田空穂

Ｋ駅でタクシーを拾った。運転手は女性であった。乗ると同時に語り出した。

「私、母子家庭なんです。男の子が一人授かり、故あって主人と別れました。今、高校生です。

やがてこの子が大人になったとき、誇れる母であらねばならないと、毎日を大事に生きております。もし子供がいなかったら、私は堕落していたと思います。

子供のお陰で、母としてまた一人の人間として慎んで生きることができると、子供を拝んでおります」

私はうれしくなり、子を鏡として親の生き方を正した歌人・窪田空穂のことや、生徒のお蔭で教師としての私が育ったと述懐してくれた友のことなどを語ったことであった。

向上するのも堕落するのも自分持ちであることを自覚して修行向上に励むこと　内山興正

仏教における深層心理学ともいえる唯識《ゆいしき》学では、人の心を暴流《ぼる》といって流れにたとえる。生まれつきもらってきたものは強く、そう簡単には変えられない。これを本流にたとえる。

一日二十四時間をどう生きるか。これが新しい流れとして本流に加わる。ひそかに心に思ったことも、わずかに口をついて出た一言も、誰も見ていないところで行為したことも、行為したという事実は事実として、一点のごまかしもなく新しい一滴の雫《しずく》となって本流に加わる。

汚れた一滴を限りなく加えてゆけば、やがて本流全体も汚れたものになり、美しく浄らかな一滴を加え続ければ、遂には本流も浄らかなものになるであろう。どこまでも厳しい自業自得の人生であることを忘れまい。

たとひ百歳の日月は声色《しょうしき》の奴婢《ぬひ》と馳走《ちそう》すとも、そのなか一日の行持を行取せば一生の百歳を行取するのみにあらず、百歳の他生をも度取すべきなり。　道元禅師

死刑囚から来た速達便に、三つのことを書いて返事をした。一つは、おかれている場《ば》所《しょ》はどこでもよい。そこでどう生きるか、だ。二つめ、人生の目的は長生きすることではない。善く生きることだ。長さじゃない、中身なんだ。三つめ、善く生きるとは、（もう一歩踏みこんで）今はよくないと気づくことなんだ、と。

道元禅師のお言葉の中の「声色の奴婢と馳走す」とは、耳の対象の声、眼の対象の色や形というように、わが心に叶《かな》うことを追いかけ、欲を主人公とし、その欲の満足のために私が奴隷となって走りまわることを意味する。

そういう百年の歳月より、たった一日でもよい、私自身が主人公となり、欲を道の方向へ、向上の方向へ、さらには自分以外の人々や社会のために役立つ方向へと調御し得た一日のほうが、はるかにすばらしいとおおせなのである。

人間はいつのまにか「私」が入ってしまう。「ああよかった」何がよかったのかといえば、「私がよかった」というだけの話じゃ。

沢木興道

集合写真ができてくると、誰しもがまず自分の顔を探す。そして自分がよく撮れていると「これはいい写真だ」ということになる。自分が目をつむったり、横を向いてしまっていたりすると、写真そのものが意味のないものに思えてくる。しかも写真一枚見るにさえ、これほど自我中心の見方でしか見ていない自分の姿に気づいていない。

豪雪や気候不順で野菜不足が嘆かれているある日、野菜栽培農家の一人がうれしそうに語った。「この冬は野菜が高く売れてホクホクですわ」と。

本能というべき〝わが身かわいい〟思いは、いかんともしがたいしぶとさはあるけれど、せめて教えの光に照らされることで、そういう見方しかできない自分の姿に気づいていきたいものと思う。

春は枝頭《しとう》に在りて已《すで》に十分　　中国・宋・戴益《たいえき》

これは戴益の「探春」の詩の結句である。一日中春を探しまわったが、とうとう春にあうことはできなかった。

あきらめてわが家に帰り、ふと軒先の梅を手折《たお》ってみたら、そこに梅が香っていた、春が香っていた、遠くに探すのではなかった、という内容の詩である。

道元禅師は「而今《にこん》」といい、「這裏《しゃり》」と言われた。今、ここ、ということである。

われわれは今ここがわが心にかなわないと逃げ出そうとし、他《ほか》によいところを探そうとする。

今ここをおいて、いつかどこかという姿勢である限り、ついに幸せはないであろう。

今ここをどう生きるか、どう取り組むかで、人生は決まるといってよいのではなかろうか。

一行《ぎょう》に遇《お》うて一行を修《しゅ》す　　道元禅師

北海道の浄土真宗のお寺の奥さまであるところの鈴木章子《あやこ》さんは、乳癌《がん》が転移し、肺癌となり、四十七歳で亡くなられた。

章子さんの詩に「癌は、私の見直し人生の、ヨーイドンの癌でした。私今出発します」というのがある。

章子さんは言う。〝人生はやり直しはできないが見直し、出直すことはできる〟と。

健康であったばかりに次々と仕事にふりまわされ、心も足も宙に浮いたような年月を送ってしまったが、癌のおかげで、立ち止まり、見直し、少しでも深い生き方へと軌道修正することができたというのである。

逃げず追わずぐずらず、たとえば病気をもこのように受けとめる生き方を、道元禅師は「一行に遇うて一行を修す」とおっしゃったのである。

師の普説するときは、わが耳目なくしていたづらに見聞《けんもん》をへだつ。耳目そなわるときは、師また説き終りぬ。　道元禅師

人は自分の持ちあわせている寸法しかいただけない。師が一メートルの話をしてくださっても、聞く側の寸法が一センチなら、一センチしかいただけない。ましても聞く耳が開いていなければ、全くいただけないのである。

「お師匠さまが、目の当たりにお説きくださっているときは、自分に聞く耳が開けず、寸法が足りないばかりに、聞くことができない悲しさ。ようやくアンテナが立ち、寸法が伸びたときには、すでに師匠はこの世におられず、お説教をお聞きすることができない」というのである。

万里の波濤《はとう》に命をあずけて入宋求法された道元禅師にして、この歎《なげ》きのあることを忘れまい。

指スヤ西ヲ　ドコトテ　西ナル　柳宗悦

浄土は西方にあるという。

春分の日は太陽が真西に沈むので、浄土つまり彼の岸の方向がわかるというところから、彼岸と呼ばれるようになった。

『般若心経』の中の「波羅蜜多〈パーラミター〉」という言葉は梵語《ぼんご》で、普通には「彼岸に到《いた》る」と訳されているが、白隠禅師は「只者裏《ただしゃり》に在り」と訳された。

「今ここの足もとだよ」というのである。

交通事故に遭った方が、「事故によって体の自由を失ったおかげで、それまでは気づかなかったであろうことに気づかせていただき、見えなかったであろうものを見せていただき、ほんとうにありがたかったと思っております」と語ってくれた。

苦しみもおかげといただけたとき、そこがそのまま彼岸となるのである。

たとえ生命《いのち》のかぎり　師にかしずくとも
心なきひとは　正法《まこと》を知らざるべし
げに　匙《さじ》は器につけども
羹味《あじ》を知ること　なきがごとし　法句経

釈尊は続いて「たとえ瞬時《まばたき》の間　師にかしずくとも　こころあるひとは　たちまちにして正法を知らん。げに舌こそ　羹味を知るがごとし」と説いておられる。

たとえ良き師につくことができても、つく方の心構えができていなければ、どんなに長い年月を側《そば》近くにあっても、遂に出会うことはできないであろう。ちょうど食物をすくう匙は、どんなに食物をすくっても、遂に味を知らないように。

反対に舌は一口のせた瞬間に味わうことができるように、求める方にスイッチさえ入っていれば、たちまちにしてその人に出会い、その教えをいただくことができる、というのである。

病が
また一つの世界を
開いてくれた
桃　咲く　　坂村真民

四国の仏教詩人、坂村真民先生は、しばしば大病をされ、その度に、それまで気づいていなかったことに気づき、見えていなかったことが見えるようになったとおっしゃる。桃の花の咲く季節にこの詩を作られたのであろうが、病む度に、悲しみや苦しみに出会う度に、悲しみや苦しみを肥料として心の花が大きく開いたということであろう。

私も曾《かっ》て〝放置しておくと癌《がん》に移行する〟というので、開腹手術を受けたことがある。その時思った。〝この機会に、生かされている命の姿というものを見つめさせてもらいましょう〟と。

学ぶことが余りにも多く、「南無病気大菩薩《ぼさつ》」と拝んだことであった。

大人が学べば、子供も学ぶ。

大人が学ぶということが、子供をしつけるという動詞なのだ。　むの　たけじ

「産めば親になれるというもんじゃありません。

動物だって自分の命をかけても、子を守り育てます。

〝手塩にかけて〟という言葉がありますけど、子育てのためにどれだけ惜しみない努力が払われたか。そのことを通して親子の絆《きずな》も育てられ、深められるものだと思います」

これは零歳児などの乳児を、産みの母に代わって預かり、真剣に子育てに取り組んでいる保母さんの、幼子に代わっての現場からの切なる願いの声である。

教え子から手紙がきた。

「育児は育自――子育ては自分を育てること――と気づかせていただきました」と書かれていて嬉《うれ》しくなった。

子を拝み、子を鏡としてわが身を反省しつつ、子と共に学びつづける親でありたい。

宗教は、心がきれいになるために聞くのじゃない。
汚ない自分に気づかせていただくために聞くのじゃ。　米沢英雄

禅門に「其の智にはおよぶべくも、その愚には及ぶべからず」という言葉がある。妙好人《みょうこうにん》と呼ばれた因幡《いなば》の源左《げんざ》さんは、かつて一度も「誰々は悪い」と言ったことはなく、誰よりも悪い自分のことしか話さなかったという。省みて恥じ入るばかりである。

その源左さんは、自分の肖像画ができてきたとき、「これは私のと違う。私の頭には角《つの》がある」といって角を書きこんだという。

他人の頭の角は見えるが、自分の頭の角は、身びいきの私の眼には見えない。仏の光に照らされて、初めて気づかせて頂けるわが非なのである。

親鸞聖人が自らを「罪悪深重、煩悩熾盛の凡夫」と呼ばれたのは、親鸞聖人を照らす仏の光がいかに明らかであったかを示していることを忘れまい。

さがしたってないんだ。

自分でぐうっと熱が高まってゆくほかはない。

自分の体をもやしてあたりをあかるくするほかはない。　八木重吉

卒業生を送る会の夜。ともしびをかかげて語った。

初めは人生の先輩より火をともしていただかねばならない。次には自分の体温でまわりの蠟《ろう》をあたためとかしながら、火をともし続けなければならない。師匠であろうと、親子、兄弟、夫婦であろうと、絶対に代わってもらえない人生。私の人生は、私の足で、私の額に汗しながら歩むことで拓《ひら》いてゆかねばならない。

次に大切なことは相続してゆくということ。人生の行く手にどんな嵐が待っているかわからない。いかなる風が吹こうと火を消さず、一層に発心を百千万発してともし続けてゆくということ。

もう一つ。火をともしさえすれば闇は消える。闇を嫌い消そうとしなくても、と。

御同様、気をつけて、落ちつきて、美しき人になりたく候。　会津八一

これは、奈良の仏たちに限りない思いを寄せつづけた会津八一が、知人に贈ったといわれる言葉である。

誰しもが美しくありたいと思う。ただし、塗ったり染めたり、着飾ったりという類の美しさではない。

「女《をみな》あり　二人ゆく　若きはうるわし　老いたるは　なおうるわし」とホイットマンは詠んでいる。

皺《しわ》や白髪がなくて美しいというのではない。誰の人生にも山坂はあろう。その一つ一つをどう受けて立ち、越えてきたか。

その生き方が皺に光り、白髪に光る。内からにじみ出る人格の輝きともいうべきものであろう。

「老化」ではなく「老花」と表現できるような、年のとり方がしたいと思うことである。

まがりつつ　まっすぐ　ゆくんじゃ　渡辺玄宗

渡辺玄宗禅師は、ある日、九十歳を過ぎてから自分の弟子として出家した一人の尼僧を枕もとに呼び、

「九十九まがりの山坂道を、まっすぐ行くにはどうしたらいいんじゃ」

とお質《たず》ねになった。

二十代の若き弟子が「わかりません」というと、「まがりつつ、まっすぐゆくんじゃ」と諭されたという。

「まっすぐ」というと、山でも川でも赤信号でも、しゃにむに突っ走らねばならないかと思ってしまう。それでは怪我《けが》をするか交通事故を起こすだけ。

人生という旅路には山崩れや洪水で足どめをくう日もあり、大まわりをせねばならない日もあろう。

止まることで力を増し、大まわりをすることで一層豊かになりつつ前進を忘れない、それが「まがりつつまっすぐ」の心であろう。

生死は仏家の調度なり　道元禅師

早春、寒牡丹《ぼたん》が届いたので枯枝を添えて入れる。牡丹の花だけを入れるより、枯枝を添えることで両者はたがいにひきたてあい、しかも格調が一段と高まる。

夏、広口の水盤に、太藺《ふとい》や菖蒲《しょうぶ》、睡蓮《すいれん》などの水物を活け、最後に太藺の一本を折り、風折れの風情をたのしむ。

秋、紅葉の万作を入れる。病葉《わくらば》を生かし、入れている間に散った一葉はそのまま景色としてとどめ、根本に白椿一輪を添える。病葉や落葉が加わることで一瓶の花の味わいは一層深いものとなる。

枯枝や風折れをたのしみ、病葉や落葉を花や蕾《つぼみ》とともに味わう。

人生の生老病死を、愛憎や失敗までも、人生を豊かに彩る道具だてとしてたのしもうじゃないかと語りかける。

仏教や禅の心によって育てられた日本文化のすばらしさを思う。

ぼ　　け（3～4月）

世に母性《はは》あるは　さいわいなり
父性《ちち》あるも　また　さいわいなり
世に道を求むるものあるは　さいわいなり。
婆羅門の性《みち》あるも　また　さいわいなり。
法句経

釈尊は生後一週間で母を失われた。三十歳すぎの高齢出産であったことや、その他の悪条件が重なったからであろう。この世に生を受けて、その最初に母を失わねばならなかった釈尊の悲しみの深さが、この一句からもしのばれる。

「自分を生まなかったら母は死なないですんだかもしれない」という、自分の命とひきかえに死んでいった母への悼みと、母を慕う思いと、さらには母の死を無駄にしない生き方を求めて、ゆきつくところ出家求道《ぐどう》となったのではないか。

かくて仏法が生まれた。御母《おんはは》マヤ夫人《ぶにん》の死は、釈尊を通して仏法として花開き、今日まで多くの人々のともしびとなり続けている。そんな気がしてならない。

やましゃくやく（４～６月）

花を弄《ろう》すれば香《こう》は衣に満つ　中国・唐・于良史《うりょうし》

これは「春山夜月」と題する漢詩の一節で、「水を掬《きく》すれば月は手に在り」と対句になっている。

花をもてあそんでいると、いつの間にか着物に花の香がしみこむように、よき師、よき友、よき教えの中に身をおくと、おのずからよい方に導かれてゆくというのである。

昔から「類は友を呼ぶ」とか「類を以《もっ》て集まる」（易経）といわれ、「その人を見ようと思ったら友を見よ」ともいわれている。

同じ方向のアンテナが立っていないと、周波数があわないと、友にはなれないのだ。よき師、よき友を持ちたいと思ったら、持つにふさわしい自分の生き方であるように努力することの方が先決のようだ。

じゅうにひとえ（5～6月）

春は花　夏ほととぎす　秋は月
冬雪さえて　冷《すず》しかりけり　　道元禅師

この歌は、文豪川端康成がノーベル賞受賞記念講演の冒頭に引用したので、一躍有名になったが、「本来の面目《めんもく》」という題で詠まれたものであることは、あまり知られていない。

「本来」という言葉は、仏、神、真如《しんにょ》、空《くう》、親さま、魂の故郷などという文字におきかえればわかるであろう。

「面目」というのは、姿、形、内容という意味である。つまり仏さまの姿や中身が春夏秋冬であり、華開落葉であり、生老病死だというのである。

この私の体、この私の人生、そしてこの天地が仏のお姿であり、中身そのものであって、このほかに仏を求めてはならないとおおせられるのである。

まつもとせんのう（6～8月）

吉野山　ころびてもまた　花の中

柳宗悦

夜半、東井義雄先生の宅へ電話が入った。「みんなに見捨てられたから死にたい。南《な》無《む》阿《あ》弥《み》陀《だ》仏《ぶつ》と唱えて死んだら救ってもらえるか」という男性の声。「世の中の人が見捨てたというけれど、あなた自身が自分を見捨てて死のうとしているじゃないか。そのときも見捨てずに働きかけ、呼びかけていてくださるお方がある。その声が聞こえないか！」と東井先生。「そんな声、どこにも聞こえやしない」という電話の主に対し、「死のうとしているときも、眠りこけているときも、あなたの心臓も呼吸も働いているでしょう。そのお働きを仏と呼び、仏の呼び声というんだ」と東井先生は説得されたという。

病んでも失敗しても、仏の手のただ中での起き伏しであり、はしっこでも外でもないことを忘れまい。

眠り得ぬものに　夜はながく
つかれたるものに　五里の路《みち》はながし。
正法を知るなき　おろかの者に
生死《ひと》の輪廻《よ》は　ながからん。　法句経

白鳥をプラネタリウムへ連れてゆき、南半球の天体を見せたら、ガタガタと震えてうずくまってしまった。次に北半球の星座を見せたら、羽をバタバタさせて飛び立とうとしたという。

未知の星座の中で、自分の居場所や飛ぶ方向がわからず不安におののいていた白鳥が、北極星を見ることで飛ぶべき方向づけができ、元気になったという話を、私は大変興味深く聞いた。人生も同じだなと。

正しい師と教えという灯火《ともしび》を持たない人生は、自分の足もとも歩むべき方向もわからず、しかもそれほどの闇《やみ》の中にいることの自覚もない。白鳥より愚かな存在であることを忘れまい。

今　見ヨ　イツ　見ルモ

柳宗悦

A寺へお話に行った。初めに「仏法ご聴聞の心得」として、

「この度のご縁は今生初めてのご縁と思うべし。この度のご縁は、私一人のためのご縁と思うべし。この度のご縁は、今生最後のご縁と思うべし」

と一同が唱和されるのを聞いて感動した。

内山興正老師は「大切なことは耳なりがするほど聴け」とおっしゃった。耳なりがするほど幾度も聴く、しかもその度毎《ごと》に今生初めて聴く思い、今生最後の思いで聴けというのである。

柳宗悦さんは「ほととぎす　いつ聞くとても　初音かな」の句をあげ、「眼《め》と心が何《い》時《つ》も新しく働かねば美しさはその真実の姿を現してはくれぬ」と述べておられる。

前に聞いた、前に見た、の思いが、目や耳を閉ざしてしまうのである。

追ウヤ仏ヲ　追ワレッルニ

柳宗悦

数えて五歳の四月八日、私は父母の家を去り、叔母の住職している無量寺に入門した。修験道の先達であった祖父の予言に導かれて。

その日から私のお経の勉強が始まり、一つおぼえるたびに、母へ報告のハガキを出した。

「般若心経をおぼえました」と書き送ったとき、母から「よく早くおぼえましたネ。母のためにカタカナでよいから般若心経を書き送っておくれ」と返事が来た。

私はカタカナで般若心経を書き送った。

母は生涯、私の書き送った般若心経を肌身はなさず持ち歩き、ときどきそっと出して読み、涙をふいていたという。

幼子は母を忘れることがあっても、母は片時も忘れることなく、思いつづけ祈りつづけてくれていたのである。仏の心とはそういうものであろう。

ただまさに　やわらかなる容顔をもて　一切にむかうべし　道元禅師

一つの水をAとBの二つのガラス瓶に入れ、いろいろな実験をする。

Aには「ありがとう」「感謝」などの文字を、Bには「ばかやろう」「殺す」などの文字をはる。

Aにはベートーヴェンやモーツァルトの名曲を聞かせ、Bには怒りに充《み》ちた烈《はげ》しい曲を聞かせる。あるいは直接に「ありがとう」「ばかやろう」と声をかける。

Aの水の氷結晶はいずれも美しくたおやかな姿を見せてくれたが、Bの水は結晶体さえもつくらず、ゆがみ、飛び散り、醜悪そのもの。一番美しい結晶体を見せてくれたのは、お経を聞かされた水であった……。

波動研究家の江本勝氏の実験結果を見せてもらいながら、和顔・愛語を説かれたお釈迦さまや道元禅師のお心を思ったことであった。

夫婦ゲンカをしようと思ったら、
まず合掌してから始めなされ。

沢木興道

私は運転できないから、助手席で気楽に景色や路傍の花を楽しんでいる。どこであろうと車を止めてもらいたかったり、急ぐときは赤信号を無視して突っ走ってもらいたかったりする。

しかしそれをすると交通事故を起こす。わがままな私の思いにとりあわず、交通ルールを守ってこそ、無事故運転もできる。

私の人生という大道を、私という車を運転してゆくのも同じといえよう。わがままな私は、自分の思うようにならないと腹を立てたりぐずったり、相手を責めたりする。

そのとき沢木老師の言葉を思い出し、合掌してみよう。

こぶしをふりあげたら修羅の世界が、その指をのばして合掌したら、たちどころに合掌の世界が開けるであろう。

ミイラになったような悟りを背負いまわしてもしょうがない。　内山興正

内山老師の師の沢木興道老師が、かつて熱心に坐禅していた方に「この頃《ごろ》坐禅はどうじゃ？」と質《たず》ねられたら、「一服しとる」と答えたという。

心臓が一服したら死ぬ。太陽も月も一服なしに巡っている。人間も常に「今、行い得ているか？」と自らに問い続けることこそ大切と思う。

修行も勉強も悟りも過去形では駄目だ。

天地宇宙の真理を悟るといっても、自分の持ちあわせているモノサシの長さしか悟れないのだから、昨日の悟りは弊履のごとく投げ捨て、日々に新たに発心のしなおしをし、限りなく新しい悟りを重ね、深めてゆくべきものであろう。

肉体を養うための食事も、一度食べたら一生食べなくてよいというものではないように、心の栄養としての学びも刻々に取り続けなければ枯渇してしまう。

不完全な私が〝順縁逆縁〟あらゆる人々からお育ていただく。
ここは、仏捨てたまわざる世界。　　榎本榮一

せっぱつまった顔で、ときに泣き面での人生相談がとびこんでくる。全身を耳にして聞き、第三者なるがゆえに見えること、少しばかり仏法を学んでいるがゆえに気づくことを語ると、ハッと目が醒《さ》めたり、出口が見えてきたり、荷物をおろすことができたりして、眼に輝きを取り戻してくれる。

私は言う。「その悲しみのお蔭で寺の門を叩《たた》く気になり、仏法に出会うことができ、教えに照らされることで、どこが間違っていたか、どう生きたらよいかが見えてきたのよ。苦しみを与えて下さったお方は、むしろ仏さまね」と。

よき師、よき教え（順縁）に出会うためには、アンテナが立っていなければならない。アンテナは苦しみ（逆縁）に導かれて立つ。

順逆ともにお育てである。

人もし生くること百年《ももとせ》ならんとも
おこたりにふけり精進《はげみ》少なければ
かたき精進にふるいたつものの
一日生くるにもおよばざるなり　法句経

Ｋ寺のご住職から講演の依頼状が来た。「癌《がん》になり、死と向かいあっての生活の中で『尭』という文字を考えついた」という文中の一句を心に反復しつつ参上した。奥様が涙を流しながらおっしゃった。

「住職が癌になってくれたお蔭《かげ》で、本物の坊さんになってくれました！」

私は返す言葉もなく、首を垂れて聞いた。

健康のゆえに聞く耳が開けず、仏法の只中《ただ》にありながら仏法が聞けず、偽坊さんで長生きするより、癌という逃げ場のない苦悩に出会うことで耳が開け、仏法に出会うことができての半年、一年の命の方がよい、というのである。

底深き淵《ふち》の澄みて
静かなる如《ごと》く
心あるものは
道をききて　こころ安泰なり　　法句経

永平寺の高階瓏仙《たかしなろうせん》禅師のところへ一人の老婆がやってきて、嫁や旦那《だんな》の愚痴をこぼした。禅師は色紙にさらさらと徳利《とくり》の絵を描《か》き、その横に「チャバチャバいうは足らぬから」と書き添えて渡されたと伝え聞いている。厳しい慈誡《じかい》である。

徳利の中の酒がいっぱいならば、どんなに振っても音はしない。酒が足りなくて隙間《すきま》があるから音をたてるのである。

浅瀬の川は木の根や石にぶつかって騒々しいが、大河ほど動いているとも見せず、音もたてない。人間も深く学んだ人ほど、長く修行した人ほど、その世界の深さ広さを知り、しずかで謙虚である。

太陽は、夜の明けるのを待って昇るのではない。

太陽が昇るから夜が明けるのだ。　東井義雄

親鸞聖人の教えに生き、教育に生きた東井先生が、教え子に贈った詩である。

一人の人の生き方やあり方が、その場の空気を、家庭を、会社を、地域社会を、一国を変えてゆく。変わってゆく。

私の人生も、ほかならぬ私の今日の生き方で明日を変えてゆくことができる。未来ばかりではなく、過去さえも変えてゆくことができるというのである。

とかく人はうまくゆかないと、時代が悪かった、社会が悪かった、家庭が、学校が、友達が、時代が、運が悪かった……と、責任を他に転嫁する。転嫁してみたところで、何の解決にもなりはしない。

私が今どう生きるかで、場をつくり、明日を拓《ひら》いてゆく。そんな思いで生きたいものと思う。

セトモノとセトモノと
ぶつかりっこするとすぐこわれちゃう。
どっちかやわらかければ　だいじょうぶ。
やわらかいこころを持ちましょう。　相田みつを

結婚式に招かれ、スピーチをたのまれると、よく私はこの言葉を贈る。

全く違った性格をもらって生まれ、違った環境に育ち、違ったモノサシを持ちあわせた二人が、ときたま会うならまだしも、三百六十五日、一生ともに過ごすということは並々ならないこと。

そこでこの言葉を贈るのであるが、一言つけ加えることにしている。

「私がやわらかい心で、相手の心がセトモノと思ったら、その心がセトモノの証拠。私の心がセトモノだったと思う心が、やわらかい心であることを忘れないように」と。

私の一生は
傷だらけであるが
この傷から
しみじみと手が合わされるような
後光がさしてくる。　榎本栄一

茶入れの口が欠けたので金泥で修理をしていただいた。お茶の稽古の日、ふと気がつくと、その茶入れの傷口の面、つまり金泥で修理をした側を正面にして、弟子たちが拝見している。別の面に釉薬《ゆうやく》の変化のある正面があるのに。私は思わず〝傷口が景色となる〟とつぶやき、〝人もかくあらねばならない〟と思ったことであった。

悲しみ苦しみゆえに心にアンテナが立ち、そこから教えがしみこみ、教えに照らされてわが非に気づき、歩むべき道も見えてくる。

「苦に導かれて教えに出会うことができた」「苦は仏よりの慈悲の贈り物」と気づき、苦を拝むことができたとき、苦はすでに苦ではなくなっている。

にくむ心にてひとの非をみるべからず。

仏も非を制することあれども、にくめとには非ず。　道元禅師

あるとき、乗ったタクシーのラジオから「このごろのお母さんは、怒ることはあっても、叱《しか》らなくなった」という言葉が流れてきて、思わずハッとし、そして考えた。

怒ると叱るとはどう違うのだろうか、と。

怒るという心の状態を分析してみると、たとえ相手に非があろうと、自分の思いにかなわないために、腹を立ててしまったのであり、重心はどこまでも自分の方にある。

叱るというのは、何とか気づいてほしいという愛の思いから出たもので、重心は相手の方にある。

そこに私心が入るか入らないか、そこに愛の心が入るか入らないかで、一つの行為にも天地の隔たりが生ずることに気づく。

首《こうべ》を回《めぐら》す　五十有余年
人間《じんかん》の是非　一夢の中
山房《さんぼう》五月　黄梅《おうばい》の雨
半夜蕭々《しょうしょう》として　虚窓《こそう》にそそぐ　　良寛

五月雨《さみだれ》の季節になると良寛さまの詩を思い出す。

私が初めてこの詩に出会ったのは三十代。そのとき私は「良寛さま、年をとられてからの詩だな」と思った。今私は六十七歳（平成十二年）。「良寛さま、お若いときの詩だな」という思いがよぎる。

人間のモノサシはこんなものである。ことを計り、ものを見るモノサシの目盛りの真ん中に私がいる。私の年齢、私の利害や好みを中心としてしか見えない。しかもそのことにも気づかず、私の思いをふりまわし又《また》相手におしつける。

「共にこれ凡夫のみ」とおっしゃった聖徳太子のお心の深さを思うことである。

絶対に他と比較しない
その子の自己最高記録に拍手を送る
〝やったじゃないか〟〝やれるじゃないか〟と

八ツ塚実

国体に出場するという選手団が坐禅にやってきた。私はこの八ツ塚先生の言葉を紹介し、競技を通し、人生として学ぶべきことの何かを語った。

「結果は問わない。そのことにどれだけ努力したかだけを問う」と。日本新記録、世界新記録などといって、競技の世界ばかりではなく、世間一般においても、勝つか負けるか、早いか遅いか、役に立つか立たないかという結果を問うモノサシしか通用しないようである。

このモノサシだけでは、オチコボレになる人が必ず出てくる。

中身はどうかというモノサシもあるはず。その方が大切なモノサシであり、人間らしい深まりと、仏の心にもかなない、そこにはオチコボレもない。

かたつむり　どこで死んでも　わが家かな　　小林一茶

その昔、風邪をこじらせて肺炎になり、十日余り絶対安静を命ぜられた。こんなとき、ふだんの寝不足を解消すればよい、と思っても、体調が悪いと眠ることさえできない。幾晩も眠れない夜を過ごし、漸《ようや》く熱や咳《せき》がおさまり、呼吸も楽になり、朝の心地よい風に誘われるようにしてウトウトと眠りをいただくことができたときのうれしさ。

「眠りも呼吸も授かり」と心から思ったことであった。

孫悟空が觔斗雲《きんとうん》を起こして天の涯《はて》まで飛んでみたが、ついにお釈迦さまの掌《てのひら》の中から出ることはできなかった、という話は味わい深い。

気づくと気づかないとにかかわらず、「私ばかりどうして」とおちこんでいようと、それぐるみ天地いっぱいのお働きのまっただなかなんだというのである。

堂塔の建立の用材は、木を買わず、山を買え（法隆寺大工の口伝）　西岡常一

木の質や癖はその木が育った山の地質や環境から生まれる。同じ一つの山でも南斜面に生えた木は日が当たるから太い枝を出し、反対に北側の木は枝も少なく細い。

また例えば西風が強い場所だと、南の枝は風に押されて東に捻《ねじ》れる。捻れた木はもとに戻そうとする性質をもち、これがその木の癖となる。

「木を買わず山を買え」というのは、自分で山に行き、地質や環境を見ることでこの癖を見抜かないと、本当の木組みはできず、したがって木の持っている力を発揮させることもできないのだという。

木も育った環境によって決まるように、人も、特に三、四歳までが大切だという。親の責任の重大さを思うことである。

相続や大難なる　中国・洞山大師

ある海岸を散策していて、そこにそそり立つ岩肌に、寄せては返す波が彫り出したみごとな彫刻を発見し、お釈迦さまが『遺教経』―遺言の教え―の中で、水にたとえて精進のあり方を示された教えを、まのあたりに見る思いがして、感動したことであった。

教育の世界に生涯をかけられた東井義雄先生は、ある時子供たちにこう語りかけたという。

「廊下の雑巾《ぞうきん》がけをするのに一度に百回拭《ふ》くのと、毎日ていねいに拭いて百回続けるのと、どちらが美しくなるか」と。

一度に百回拭くほうが楽であり、百日続けることは至難といえよう。曹洞宗中興の祖と呼ばれる洞山大師が「相続や大難なる」とおっしゃり、また、「相続は力なり」と示されるゆえんである。

あせらず、あきらめず、怠らず、一歩一歩を大切に歩んでゆきたい。

這頭《しゃとう》（こちら）より那頭《なとう》（あちら）を看了《かんりょう》し、
那頭《なとう》より這頭《しゃとう》を看了す。

道元禅師

小学生が写生にやって来た。軒下に入って騒いでいるので「あなた方、何を描くの？」とたずねると「本堂を描く」という。「本堂を描くなら向こうの山道まで離れなさい」と言いながら「人生も同じだな」と思った。軒下に入ってしまったら、近すぎてクモの巣か節穴しか見えないが、遠く離れて見ると老樹に囲まれ、アルプス連峰までも借景にして、結構な絵になる。

ちょうどそのように、身近な人も、まして自分のこととなると、全く見えなくなってしまう。一つのことを考えたり行ったりするときも、近づいてみたり離れてみたりというように距離を変えてみる。又は嫁の側に立ってみたり姑の側に立ってみたりというように、立場を変えてみる。さらには時間をかけてみる。十年、二十年、一生という長さから展望したらどうか、と。高さを変えてみる。たとえば、神や仏はどう見るか、というように。見えなかったものが見えてこよう。

『ここにてこの雨季をすごさん
ここにて冬を　かしこにて　夏をすごさん』
心なき者はかく思いて死の近づくを　さとらず　　法句経

東井義雄先生は、雨降り校長と呼ばれていた。

運動会の前日、体育のK先生が練習を終えて帰る生徒に「明日もし雨が降っても天に向かってぶつぶつ言うな。雨の日には雨の日の生き方がある」と呼びかけた。

その言葉を聞いた東井先生は大変喜ばれ、さらに「雨が避けられない以上、むしろようこそと雨を受けとめ、〝雨が降ってくれたお蔭《かげ》でこんな生き方ができた〟といえるような生き方がしたい」と語られた。

人生は「いま、ここを、どう生きるか」の一語に尽きよう。

いま、ここが病であろうと失敗であろうと逃げずに、むしろようこそと受けとめ転じて生きたい。

茅《かや》をつかみそこぬれば
その手を傷つくるがごとく、
あやまれる求道は破滅に導く　　法句経

野山を走りまわっていて、転びそうになったとき、思わずつかんだ草が茅であったらその手を傷つけるように、間違った信仰や教えについてしまったら、自分の人生を台無しにするばかりではなく、家族や親戚《しんせき》にまで迷惑を及ぼすことになる。

心して正しい宗教に、正しい教えを説く師に従いなさい、というのである。

作りかえることも、買い直すこともできる家や衣類を選ぶにさえ人々は慎重なのに、自分の人生を託する宗教を選ぶのに、何と軽率なことであろう。

正信と迷信を見分ける冷厳な目を、家庭にあっても、確かなものとして育てておかねばと思うことである。

飲み方に流儀はあっても、胃の消化の仕方に流儀はない。　沢木興道

飲み方は人間の約束事の世界。人間の約束事は、時代により、地域により、また上に立つ人によっても変わる。

それに比べ、胃の消化の仕方には流儀はない。胃が表流《おもてりゅう》に消化するとか、裏流《うらりゅう》に消化するということはない。胃の消化の仕方は、時と処《ところ》と、人間の都合を越えて変わらない天地の道理である。

これを真理と呼ぶ。

「胃の消化の仕方」という言葉で象徴している世界、それは人間の思惑を越えた世界のことであり、そこからの働きかけのことである。

そこに気づき、つねにそこに腰をすえながら、「郷に入れば郷に従え」で、我をはらず、その時、その処の約束事に柔軟に従ってゆくという生き方こそ、大切というものであろう。

全部いただく　えりぐいはせぬ。　沢木興道

食べ物ならできる人もいようが、これは食べ物の話ではない。われわれはまず人をえり好みする。あの人は好き、この人は気に入らないと。理屈ではないから始末が悪い。好きとなれば、アバタもエクボとなり、嫌いとなれば好ましいことさえ腹の立つ材料になる。

ここはいい、あそこは悪いと場所のえり食いをし、あの仕事はいいけれど、この仕事はかなわんと、仕事をえり食いし、成功は願わしいけれど、失敗はご勘弁願いたい、健康は好ましいけれど、病気は逃げたいと、人生の幸、不幸を追ったり逃げたりし、最後はコロッと死にたいと死に方をえり食いする。

えり食いの真ん中には私がいる。

その私を手放し、すべておまかせ、それが全部いただくの心であろう。

雨も奇なり晴れも好し　中国・宋・蘇東坡《そとうば》

梅雨になると好んで掛ける軸がある。

蛙《かえる》が大きな蕗《ふき》の葉をかざした絵に「雨奇晴好」と賛の入ったものである。中国・宋時代の詩人、蘇東坡の言葉だという。

雨が降ったら雨の風情をたのしみ、晴れたら晴れをよろこんで参りましょうというのである。

これとは対照的な「祈雨求晴」という言葉がある。雨が降ると晴れるといいなあと言い、晴れると降ればいいなあと言う。

人生にもさわやかな順風の日あり、雨嵐《あらし》の日あり。どうあっても愚痴の種にしてゆく人と、いずれも人生の景色と、積極的にたのしんでゆく人とあろう。

やりなおしのできない人生なら、どんなこともさいわいにと受けとめ、楽しみ味わってゆきたいものである。

寝ていても　運ばれてゆく　夜汽車かな　沢木興道

だれの句かよくわからないが、沢木老師はよくこの句を引用され、「呼吸も心臓もアナタと関係ない。欲しい惜しいも目がさめている時だけ」とおっしゃった。

前後不覚に眠りこけているときも、まちがいなく生かしつづけてくれている働きに出会ったとき、私のこの生命のいとなみは、私の小さな思いとは関係のないところ、思いのはるかに及ばないところで行われていることに気づく。

この生命のいとなみの事実、その働きを仏と呼び、私の小さな、わがままな思いを無限に手放して、この事実を拝み、この事実に帰り、この事実におまかせし、この事実に随順してゆく。

その生きざまを「南無帰依《なむきえ》」といい、それが坐禅や念仏の姿でもあるのである。

切に思うことは必ず遂《と》ぐるなり　道元禅師

「娘にお茶を習わせたい」と入門を頼みにくる母親に私は言う。

「お母さんがやらせたいというならお断りします。本人が〝どうしても学びたい〟という気持ちになったとき、よこしてください」と。

千利休の歌に、

「この道に入らんと思う心こそ　わが身ながらの師匠なりけり」

というのがあるが、本人にやる気が起きない限り、〝何としても〟という切なる思いの炎が燃えあがらない限り、力も出ず、同じように稽古《けいこ》の場にあっても身にもつかない。

坂村真民さんのお母さんは、念仏のように

「念ずれば花開く」

と唱え念じながら事に当たり、文字通りどんな困難なことも乗り越え、また花開かせての生涯であったという。

うづたかき華堆《はな》より
かずかずの華の鬘《かざり》を　作りえん
かくのごとく　ここに生まれたるもの
ここに死すべきものの　なしとげうべき　善きことは多し　法句経

部屋に一輪の花がある。庭に一輪の花がある。それだけでうれしく、また心がやすらぐものである。

釈尊は人のありようを一輪の花にたとえて教えられた。同じ人間として生まれながら、この世を飾り、人々に喜びや生きる勇気を与えてくれる人がいる。

反対に、その人の顔を見たというだけで、暗く、イライラした思いになる、そんな人もいる。私は人々の心に何を配達していることであろうか。

「笑う」という言葉には「花咲く」という意味がある。笑顔という花を運ぶことで、接する人々の心にも花を咲かせることができる、そんな毎日でありたい。

真理は一つ　切り口の違いで争わぬ

余語翠巌《よごすいがん》

キリスト生誕二千年。ローマ教皇庁から「諸宗教との対話」が打ち出されてすでに久しい。

宗教や文化を異にする人々と出会うときつねに心に期する言葉が、この一句である。時と処《ところ》を超えて変わらぬものを真理という。その一つの真理を見つけ出した人が違うために、違った名前と内容が与えられた。キリスト教、仏教というように。

例えば円筒形の茶筒を横に切ったら切り口は丸、縦にきったら矩形《くけい》、斜めに切ったら楕円《だえん》になるというように、切り口は違っても茶筒そのものに変わりはない。

次に大切なことは、切り口しか見ることができないという謙虚さの上に立ち、さらに一歩進めて、自分には見えない別の切り口を尊重しあい、学びあってゆこうという姿勢こそ大切と思うことである。

「わが心のよくて殺さぬにあらず」

「さるべき業縁のもよおさば、いかなるふるまいをもすべし」　親鸞聖人

「罪のない子供を無差別に殺すというような、とても人間のやることと思えない事件に対してどう思われますか」

講演のあと出された質問に対し、私はこの親鸞聖人のお言葉を借りて答えた。

「人は皆自分を安全な見物席におき、善人面をして他を批判するけれど、もし私が生い立ちからすべてにわたってこの犯人のような条件の中におかれたら、もっとひどいことをしていたかもしれないと、わがこととしていただく姿勢こそ大切ではないか」と。

甥《おい》の馬之助の心の痛みをわがことと受けとめ、どうしても叱《しか》ることができず、「お前もな、淋《さび》しかろうな」と涙された良寛さまの一言で、立ちなおった馬之助の話と共に。

みんな　死にたくない死にたくないというけれど、
みんな生きていたら困るじゃろうが。死ぬからいいんじゃ。

余語翠巌

昔、美しい妃をめとった王がこの幸せをいつまでもと願い、時の流れを止めさせた。大混乱が起きた。草木は成長を止め、赤ん坊は赤ん坊のまま、病人も病状が動かない……と。

時は止まらないからよいのである。無常とは活動して止まないということであり、生きている証でもある。紅葉を散らす力と芽吹く力は同じなのである。

人は芽吹きを喜び、散るを惜しみ、誕生を喜び、老い衰えゆくのを嫌うけれど、いずれも同じ生命の営みなのである。

むしろ無常の足音が聞こえない人生は「何も今日しなくても明日がある」と、今という時を取り逃してしまう。

死の裏打ちあって初めて生命は輝きを見せるものであることを忘れまい。

「堂塔の木組みは寸法で組まず木の癖で組め」

「木の癖組みは工人たちの心組み」（法隆寺大工の口伝）　西岡常一

癖のある木を使うより素直な木を使ったほうが楽であるが、素直な木は力がない。ねじれた木を、例えば右にねじれた木ばかりをあわせると、建物全体が右にねじれる。右にねじれたのは左にねじれたものと組みあわせることにより、部材同士の力で癖を封じながらしかも強い力を発揮させることができるという。

「木の癖組み」は「工人たちの心組み」であり、それは棟梁の思いやりだと口伝は続く。

木に癖があるように、人にも百人に百様の考え方や癖がある。一人一人に心を運び、耳を傾け、一つにまとめてゆくのが棟梁の力量だという。

「欠点や弱点も生かして発揮させてやらなならんのです。癖のある人にとても間に合うところが必ずありますさかいに」と西岡常一さんは語る。

驢《ろ》を渡し馬を渡す。

中国・唐　趙州従諗《じょうしゅうじゅうしん》禅師

趙州が観音院に住んでおられたときのこと。観音院へ行くにはどうしても橋を渡らねばならない。

一人の僧が「趙州の橋いかん」と問うた。橋を問うているのではない。「趙州さま、あなたの仏法をお示し下さい」というのである。

趙州は「驢を渡す馬を渡す」と答えた。

驢馬《ろば》も渡せば馬も渡す。好きな人も嫌いな人も、敵も味方も、仏のような人も殺人鬼のような人もだまって渡す。それも無条件で、というのである。

私はどうか。わがままな私心があるから人を択《え》り好みする。あの人は渡っても良いが、この人は渡ってほしくない、と。さらには、渡り方に条件をつける。「ありがとう」といえばニコニコと「どうぞ」といい、悪口をいえば渡したくなくなる。

すべての人を無条件に、ほんとうの幸せな岸に渡す橋や舟の配役に徹するのが、僧の役目の筈《はず》であるが。

のうぜんかずら（7～9月）

精進《はげみ》こそ不死《ふし》の道
放逸《おこたり》こそは死の径《みち》なり
いそしみはげむ者は死することなく
放逸にふける者は、生命《いのち》ありとも、すでに死せるにひとし　法句経

インドの雨季は四月から七月にかけて雨が降り続き、田も畑も道も一つの湖のようになり、遊行《ゆぎょう》もままならぬという。

そこで釈尊とその弟子たちは、この三ヵ月を祇園精舎などに集い、聞法や禅定に励んだり、互いに研鑽《けんさん》するなどの期間にあて、これを雨安居《うあんご》と呼んだ。生涯学習の先駆とも言うべき姿である。

肉体の栄養である食事も、生涯食べ続けねばならないように、心の栄養も取り続けねば心の命が枯渇してしまう。

それなのに心の栄養の話となると、眠気を催す人の多いことは何としたことであろうか。

くさぎ（8～9月）

主人公！　中国・唐末・瑞巌師彦《ずいがんしげん》

師彦和尚は、毎日自分に向かって「主人公！」と呼びかけ、自分から「ハイ！」と答え、「目が醒《さ》めているか！」「ハイッ！」「だまされるんじゃないぞ！」「ハイッ！」と自問自答していたという。

戦後五十年の教育は、知育偏重の道をひた走りに走りつづけ、この主人公であるところの人間教育を置き去りにしてきた。

いかなる知識も、それは道具にすぎないことを忘れまい。科学の知識も、政治や経済の知識も、財産や肩書さえも、この主人公の使う道具にすぎない。

主人公不在の、あるいはきわめて幼稚なままの似非《えせ》大人たちがこれらの道具を手にしたとき、それは恐るべき凶器となって人類を破滅へと導いていく。

この主人公を目覚めさせ、育ててゆくのが真の宗教のめざすところなのである。

きつねのかみそり（8～9月）

択《えら》べ、択べ、択べ、択べ

中国・南北朝・南岳慧思禅師《なんがくえし》

これは慧思禅師の『立誓願文』の結びの一句である。何を択び分けるか。何が真《まこと》で何が偽りか、何が善で何が悪か、なすべきことは何か、なしてならぬことは何か、大きくはたった一度の命を何にかけるか、小さくは今一言をどう悟るかに至るまで、心の眼《まなこ》をカッと見開き、徹底的に択びに択んでゆけ、というのである。

「智慧《ちえ》」の中身は「簡択断疑《かんじゃくだんぎ》」だという。簡も択も「択ぶ」である。択びに択ぶことが「慧」であり、択びつくして間違いなしと疑いを断じ、そこに決定《けつじょう》するのが「智」だという。

金もうけがいかに上手でも、科学や政治、経済の知識をいかに豊かに持っていても、それを使うべき方向に「択び分ける」冷厳な眼を持っていなければ、智慧者とは言えないのである。

こすもす（9～10月）

宗教は生活である。　沢木興道

「生活」の二字を別の言葉におきかえてみるとよく分かる。「宗教は芸術である」とばかりに、仏像、堂塔伽藍《がらん》、庭園などを造ることをもって仏法興隆と思っている人もある。「宗教は学問である」といった姿勢で本の虫となり、自分の人生とは無縁の形で仏法と対している学者風情もある。

「宗教は趣味である」と勘違いしている人も多い。坐禅や仏法の話を聞いたりお寺巡りが好きなど。高級趣味として自己満足したり、自分の飾りとしたり……。

「宗教は商売である」と割り切り、先祖供養、現世利益、観光、はては先祖の祟《たた》りまで言い出して金もうけをするなどは言語道断。

こう見てくると「宗教は生活である」の一句が途方もなく大変な言葉であることが分かってこよう。

欠点が気になるうちは駄目ですね。欠点が長所に見えてこなければ。

平沢興

「すねなすび　馬役あいつとめたり」

という句がある。お盆が来るとお精霊棚を飾り、ご先祖さまをお迎えする。そこに茄子《なす》や胡瓜《きゅうり》で作った牛や馬を添える。

その牛や馬を作るのに、まっすぐなのより曲がっている方が、元気のよいのができてよいというのである。

だれしも欠点も長所も持ち合わせている。視点を変えれば欠点はそのまま長所でもある。仕事が早いということは雑だということにつながり、逆に遅いということは丁寧であるといえるように。

わがままな人間のメガネは、欠点が欠点と見えるならまだよいが、長所さえ腹の立つ材料にしてしまう。欠点を長所として生かすためには、深く大きな愛がなければできないことである。

他人の邪曲《よこしま》を　観《み》るなかれ
他人のこれを作《な》し　かれの何を作さざるを　観るなかれ
ただおのれの　何を作し　何を作さざりしを想《おも》うべし　法句経

十五の春、理想に燃えて出家得度、修行道場に入った私は、夢に描いた世界とのあまりの相違に絶望し、批判の塊のようになっていた。

その苦しみがアンテナとなり、四百偈《げ》よりなる『法句経』の中のこの一句にまず出会うことができたのである。

他人の是非にのみ心奪われ、云々《うんぬん》してみたところで、くたぶれるだけで何も生まれやしない。

外に向かう目を自分自身に向け、ひたむきに、なすべきことをなし得ていたか、なしてはならぬことをしていたのではないかと、問いつつ歩んでゆきたいものと思うことである。

比丘《びく》の口　かまどの如し

迦旃延《かせんねん》

迦旃延というのは釈尊の十大弟子の一人で、人のありようをかまど〈竈〉にたとえて示されたものである。

ガスや電気の時代で、かまどは現代生活から姿を消してしまった。しかし阪神大震災は、人間の文化のもろさを露呈し、最も原始的な姿で大地の上にすえられたかまどが大活躍した。

かまどには上等の薪《まき》も入れば、いばらや紙屑《かみくず》も入る。どんなものも無条件に受け入れ、燃焼させ、人々の心身を養う食物を煮たり、暖房の役を勤めてくれる。

私の人生というかまどにもいろいろ入ってくる。そのすべてをより好みせず、さわやかに受けとめ、完全燃焼させ、人々の役に立つエネルギーに転換せよと示される。

国に賢者一人出で来たれば、其《そ》の国興る。

愚人一人出で来たれば、先賢のあと廃《すた》るるなり。

道元禅師

道元禅師生誕八百年（平成十二年）を記念し、禅師の修行・得法の跡を慕っての訪中の旅を実現することができた。

山河や伽藍《がらん》のたたずまいは往時をしのぶに充分であったが、一歩中へ入ったときのむなしさはおおうべくもなく、主人公不在の寺を訪ね、留守番の方に挨拶《あいさつ》だけしてきた、そんな思いであった。

江青女史を中心とする四人組による文化大革命は、数千年の歴史を誇る文化財や伝統をみごとに破壊した。その爪跡《つめあと》に立って、この道元禅師の言葉を思った。

国も会社も、一軒の家も小さなグループさえも、心ある者が一人出るか愚かな者が一人出るかで盛衰は決まる。

一人の大切さを思ったことである。

涼風の中の暑さでしてな　余語翠巌

二十年も前のことになるが、余語老師に尼僧堂の師家としてご指導いただいているときの七月摂心《せっしん》〈一日十四時間ぶっ通しの坐禅〉。

坐禅を終えて坐堂から出られた老師に、私は思わず「老師さま、暑いですね」と声をかけた。

老師は法衣の袖《そで》をすずしげに風になびかせながら一言、「涼風の中の暑さでしてな」と答えられた。

私はハッとし、暑さしか見えず、暑さにふりまわされてあえいでいる自分の姿に気づかせていただき、はずかしいやらうれしいやらで、ふかぶかと頭を下げた。

天地いっぱいの涼風につつまれて暑さがあり、暑いからこそ風が涼風と頂けるのである。七顚《てん》八倒しているときも仏の手中にあることに変わりなく、又《また》苦ゆえに仏に出会えるのである。

高原陸地に蓮花《れんげ》生ぜず
卑湿淤泥《ひしつおでい》にこの花を生ず

維摩経《ゆいまぎょう》

大賀蓮《はす》の一株が自坊の小池にも花を開かせ、あちこちへ分家していった。分家先の立派な池に移された蓮が、何としても育たない。育たない理由はその池が湧《わ》き水、つまり清水だったのである。「蓮は泥田でなければ駄目なのよ。泥田へ移しなさい」と言って、漸《ようや》く元気をとりもどした。

人は泥を、自分の周辺にうずまく泥を、私の中からもふき出す泥を嫌い、美しいところ、浄《きよ》らかなところを願ってはしないか。泥がなければ花は咲かない。泥が大切だと説かれる。

ただし泥はイコール花ではない。泥は泥、花は花。泥を質的大転換をして肥料となし、花を咲かせねばならない。よき師、よき教えという縁に遇《あ》うことで泥を転じて花咲かせ、力とせよと教えられる。

利行は一法なり、あまねく自他を利するなり。　道元禅師

Ｅ家のおばあちゃんは料理が上手で、心こもる手料理を次々と食卓に並べてくれる。ご主人であるおじいちゃんの食べっぷりがすばらしい。

一口食べては〝ウン、ウマイ〟、一口飲んでは、〝バアサン、ヨクデキタゾ〟を連発しながら、いかにもおいしそうに召しあがる。

私も負けじと横でほおばりながら思う。おばあちゃんの料理の腕を磨いたのは、このご主人の食べっぷりだったな、と。

道元禅師は「利行は一法なり」と示された。

真心の手料理で生涯を過ごせたご主人も、またその中で育った子供や孫も幸せであったが、そのことを通しておばあちゃん自身も喜びをいただき、また料理の腕を磨くこともできたのである。

自他ともに利益をいただいていることを、忘れてはならないと思ったことである。

坐禅は〈中略〉すべての玩具をとりあげられた
死の前のひとときの姿であることです。　内山興正

八十歳を過ぎて妻に先立たれた老人がつぶやいた。「孤独地獄に陥っています」と。

私は声をはげまして言った。「人生の最後に一番厳しい修行が待っています。内山老師は〝一切玩具あそびなし〟とおっしゃった。

人生、うっかりすると一生玩具あそびで終わってしまう。ガラガラの玩具から始まり、カメラ、自動車と持ちかえ、年頃になると異性、さらには研究とか金もうけや名誉や趣味など。

しかし人生の最後には一切の玩具をとりあげられる日が必ず来る。何ものにもまぎれることなく、醒めて自分自身と向かいあう絶好のチャンスと受けとめ、ぐずらず、人生を深めて下さい」と。

一切を捨てきり、死にきったところからの人生の見直しを積極的に実践する。これが道元禅師の坐禅であろう。

坐禅《ざぜん》とは、見渡しのきく高い山へ登るようなものだ。　沢木興道

訪米のちなみ、ナイアガラ瀑布《ばくふ》を見学した。

ナイロンのカッパに身を包み、暴風雨の中を必死にくぐり抜けることだけで精いっぱい。何を見るゆとりもない。

ようやくにして脱《ぬ》け出し、対岸から眺める景観はまたひとしお。滝もその下を必死に巡る人も船も、遠くから眺めれば一幅の絵として美しく見ごたえもある。

沢木老師の「坐禅とは見渡しのきく高い山へ登るようなものだ」の言葉が脳裏をよぎる。

滝の外へ出なければ滝の全体の姿は見えず、山を出なければ山を見ることができず、人生の外へ出なければ自分の人生の真の展望もできない。

只中《ただなか》でもがきあえいでいる自分をつきはなし、冷静に眺めるもう一人の私のたしかな眼《め》を育てることにより、人生の今ここの一歩を誤りないものとしていきたい。

田は雑草のために　そこなわる
人は欲のゆえに　そこなわる
げにされば、欲を離れたる者に施さば、その果大いなり　法句経

「なずなやはこべは土の中に埋めると腐ってよい肥料になりますよ。すぎななどはそのまま埋めると、ますます根を張って元気になるから陽に干して枯らしてから埋めなさい」

その昔、雑草はみな悪いものと思い、畑の外へ出している私に、お百姓さんが親切に教えてくださった。

「田の草をとりてそのままこやしかな」

と古人も詠じているが、田の草もそのままにしておけば、田をあらし、作物を駄目にする。適切に処置して埋めればよき肥料となるように、欲がそのまま悪いのではない。欲は生命の力。大切なことは正しい方向づけをすることであろう。

信は心をして澄浄《ちょうじょう》ならしむ
倶舎論《くしゃろん》

よく「鰯《いわし》の頭も信心から」などと言われる。

たしかに「病は気から」と言われる一面があり、その気を病むという部分は、この種の信によっても立ち直ることはできよう。

しかし冷厳な智慧《ちえ》の裏打ちのない、いわゆる盲信の行方は、迷いを深めるだけで解決にはならない。

ほんとうの信は、鰯は鰯と見られることである。のぼせ上がることではなく、のぼせが下がることである。

その人に、その教えに、その宗教に酔っぱらい、のぼせ上がることではなく、徹底的に真と偽を、是と非を見分け、択《えら》び分けた末に、間違いなしとそこに落ち着く、澄み浄《きよ》まることである。冷厳な智慧を裏打ちとしての信であることを忘れてはならない。

私の泥んこの底が　浄土の入り口になっていた

榎本榮一

庭のミニ・ハス池に大賀ハスが次々と美しい花を咲かせ、訪れる人の心に喜びを運んでくれている。

「高原陸地に蓮花《れんげ》生ぜず、卑湿淤泥《ひしつおでい》にこの花を生ず」と『維摩経《ゆいまぎょう》』では説き、「泥多ければ仏大なり」とも言い、また仏さま方がお手に持っておられるものも、お座りになっている台座も蓮花が多い。

古来、仏の教えは、泥の中に咲く蓮花にたとえて説かれてきた。

〝泥に染まない〟のではない。泥を材料とし、泥を転じて花を咲かせるのである。泥をいとい捨てたら花も咲かないのである。

しかし、泥はあくまでも泥であって花ではない。

泥をどう昇華して花を咲かせるか、そこが修行のしどころなのであろう。

二十年、三十年も、及び一生も、
この一日一夜にて候《そうろう》　大智禅師

九十余歳まで生きられた鈴木大拙居士に、ある人が健康法を尋ねた。居士は鎌倉・東慶寺の東、百何十段かの石段の上の松ヶ岡文庫に住んでおられた。運動のため毎日この石段を上ったり下りたりする。そこで大切なことは、何十段かの石段を下からふり仰がず、今の一段を、もう一段をと、それしか考えないという。人生も同じと言えよう。

「人生は、今、今、今、今の数珠つなぎ」の言葉を、運針で書いた布巾《ふきん》を届けてくださった人がいる。

一年、一生と思っただけで気が重くなる。〝とにかく今の一瞬を大切に生きよう。今日一日を全力投球で生きよう〟それだけでよい。

その積み重ねが一年となり、一生となり、永遠となるのである。

戦場《いくさ》に出づる　千たび
千人の敵に勝たんより
ひとり　自己《おのれ》に勝つもの
彼こそ　最上の戦士《つわもの》なり　　法句経

ある講演会場で、二十八代立行司の木村庄之助氏とともに講師を務めた。そのとき木村氏の結びの一番ならぬ結びの一句は「戦って騒がれるよりも、負けて騒がれる力士になれ」であった。

勝ち負けは技の世界のこと、「負けて騒がれる力士」とは、一個の人間としての生きざまの勝負であり、それは他に勝つことではなく、むしろ自分に勝つということではなかろうか。

人に勝つことは楽であるが、自分に勝つことは難しい。自分に勝つことができる人にして、はじめて人に負けることができるのであり、自分に勝つことこそ、修行中の修行というべきものであろう。

かなしみを　あたためあって　歩いてゆこう

坂村真民

参禅会のあとの自己紹介を聞いていて一つのことに気づいた。

一番つらいこと、悲しいこと、大声をあげて叫びたいこと、ここのところこそ聞いてほしいというそのことは、逆に簡単に言葉には出せないのだな。

人の前で口に出して言えることというのは、悲しみとしては二番目三番目のことなんだな。

言えないからといって聞かないでいいのではなく、大きな大きな耳をひらいて、言葉にならない言葉を聞きとらねばならないのだな、ということに。

誰しもそっとしておいてほしい痛みを持っている。

それをさらにつっついて傷を深めることのないよう、そっとあたためあい、いやしあって生きていきたい。

人生はな、何もなかれと願うけれど、何もなくてみい、退屈でかなわんぞ。
いろいろあるからいいんじゃ。　余語翠巌

中国の西に広がるゴビ砂漠、タクラマカン砂漠、それぞれに日本列島がスッポリ入る大きさだという。

敦煌への旅の途中、どれだけ走っても景色の変わらない砂漠を眺めながら、余語老師の言葉を思った。

旅も変化があったほうが楽しいように、人生の旅も変化があったほうがよい。

旅の秘術は、途上を楽しむことだ、とヘルマン・ヘッセは語っている。

人生という旅路にも、愛する日あり、憎悪に変貌《へんぼう》する日あり、さまざまあるそのすべてを追ったり逃げたりせず、積極的に人生の景色とし、彩りとして楽しみ、味わってゆけ、というのである。

今ここの一歩を、何かを手に入れるための手段にしない。
一歩一歩がすべて、わがいのちの歩みじゃ。　余語翠巌

禅寺の玄関などによく「脚下照顧」という言葉が掲げられている。とりあえずは〝履物をそろえよ〟ということであるが、そんな簡単なことではない。

〝今ここの一歩が、お留守になっていないか〟

〝心が、眼が、今ここから、あらぬ方向へとんでいはしないか〟

〝今ここの一歩にしっかり取り組んで生きるよりほかに、わが人生を大切に生きる生き方はないんだよ〟と、語りかけているのである。

余語翠巌老師はよくおっしゃった。

「今日は明日の手段ではない。学生生活は就職の手段ではない。人生を金もうけや名誉を手に入れるための手段に落とさない。掃除をする、洗濯をする、その一歩一歩がすべていのちの歩みなのです」と。

寒時《かんじ》には闍梨《じゃり》を寒殺《かんさつ》し
熱時《ねつじ》には闍梨を熱殺《ねっさつ》す

中国・洞山大師

地球温暖化のためか、かつてない猛暑がつづいている。

中国・唐代、一人の雲水が洞山さまに問うた。

「暑さ寒さがやってきました。いかにして避けたらよいでしょうか」と。

洞山さま云《いわ》く「暑さ寒さの無いところへ行けばよいではないか」

僧云く「どこにそんな良い処《ところ》がありますか」

そこで洞山さまが答えられたのがこの「寒時には闍梨を寒殺し、熱時には闍梨を熱殺す」の言葉である。闍梨というのは僧の敬称。熱殺、寒殺というのは、暑いときは暑さと一つになり、寒いときは寒さと一つになれ、と受けとめたらよいであろう。

今どきの暖房やクーラーは逃げ腰。積極的に暑さや寒さをたのしんでゆこうというのである。暑いからこそ冷えたビールが一段とおいしいのである。

面々に布施に相応する功徳を本具せり。（中略）
舟をおき、橋をわたすも布施の檀度《だんど》なり。
治生産業もとより布施にあらざる事なし。

道元禅師

茶室で稽古をしている。畳や床や座布団が冷えや湿気から私を守ってくれる。畳や床や座布団の布施である。柱が天井や屋根を支え、屋根は雨や暑い日射しを防いでくれる。柱や屋根の布施である。

眼鏡のお蔭で近眼や老眼の人は助けられる。眼鏡の布施である。

茶室を明るい太陽や空気が包み、その太陽や空気の布施を、地上のすべてのものが等しく頂きながら、緑の樹木がさざめき、花が笑い、郭公《かっこう》や時鳥《ほととぎす》が鳴く。緑や花に心の安らぎを覚え、鳥の声に喜びを感ずる。緑や花や鳥の布施である。

先生が生徒に教える。先生より生徒への布施であるが、生徒のお蔭で先生も育つ。生徒の布施である。布施の只中《ただなか》に包まれて生きる私自身のあり方も、そのご恩返しとしての布施の日々でありたい。

今が本番、今日が本番、今年こそが本番。
明日がある、明後日があると思っているうちはなんにもありはしない。
肝心な今さえないいんだから。　東井義雄

むし暑い夏の夜によく登場するものの一つに幽霊がある。H寺のご住職から〝幽霊には三つの特徴がある〟という話を聞いた。おどろ髪をうしろへ長くひいていること、両手を前へ出していること、両足がないことの三つだという。

おどろ髪を長くうしろにひいているということは、すんでしまってどうにもならないことを、いつまでもクヨクヨとひきずり続ける姿を象徴し、両手が前へ出ているのは、来るか来ないかどうなるかわからない未来を取り越し苦労する姿をいい、両足がないのは、心が過去へ未来へと飛び、肝心な〝今ここ〟が留守になり、〝今ここ〟という時をとり逃がし、今ここの仕事や人と出会っていない姿をいうのだという。

幽霊はほかならぬ私の姿であったと気づかせていただいたことである。

村の中に　森の中に
はた海に　はた陸《おか》に
こころあるもの　住みとどまらんに
なべてみな楽土なり　　法句経

石川県松任市のH寺へお話しに行った。H寺はもと天台宗の名刹《めいさつ》であったが、鎌倉期、この地に流されて来られた親鸞《しんらん》聖人の人柄に感化され、浄土真宗へと転宗したのだという。

そこに集まって来られた門徒の方々の信心の深さにも感動した。常識的に考えれば、流罪地だからよくないところ、流罪人だからよくない人、と考えがちである。

しかし、そんなことはどうでもよいのである。親鸞聖人にとってはどこもかも仏国土であり、その親鸞聖人のおもむくところが仏国土となるのである。

彼岸とか浄土は地理の問題ではなく、心のあり方であったことに気づく。

環中虚《かんちゅうきょ》　中国・荘子《そうし》『斉物論《せいぶつろん》』

荘子は天地の実在の真相を「道枢《どうすう》」という言葉であらわした。

枢とは扉の開閉の軸をなすとぼそのこと。

その枢を受ける環《まる》い穴の中がカラッポで、はじめて扉は自在の働きができる、というのがもとの意味である。

その中に私が入ると、私の気に入らないものははみ出す。

人類というモノサシから見るから、毒蛇とか害虫というはみ出しものが出てくる。

聖人とか仏というモノサシさえも、一度できれば凡夫とか鬼はそこからおちこぼれる。

はみ出すもの、おちこぼれるものがある限り、ほんとうの大きさではない。

何もないからこそ、全部が入っておれる。これが環中虚の心であり、仏の姿であると思う。

比丘《びく》よ　この船より　水を汲《く》むべし
汲まば　汝《なんじ》の船は　軽く走らん
貪《むさぼ》りと瞋《いか》りを断たば
汝は早く　涅槃《ねはん》にいたらん　　法句経

釈尊の乗られた船が浸水しはじめた。弟子たちと共に水を汲み出しながら、無事対岸に着くことができたとき、釈尊は、船旅にたとえて人生の旅路のありようをお説きになったのが、この偈《げ》である。

船を沈める水も、浮かべる水も一つ。一人の人間を駄目にするのも、向上させるのも同じ欲。欲は命のエネルギーであって、欲がそのまま煩悩なのではない。

欲をわがままなエゴの私の思いの満足の方向にのみ増長させるとき煩悩となり、行きつくところは破滅となろう。その欲を向上の方へ、仏の方へ、人々の幸せのためにと、舵《かじ》を取ることができたとき誓願となり、船を浮かべ、力強く推し進める力となるのである。

捨ててこそ　一遍上人《いっぺんしょうにん》

ある人が一遍上人に、信心のぎりぎりのところを一言で教えてくれと言ったら「捨ててこそ」と答えられたという。

沢木興道老師は「凡夫の持ちものを手ばなしたのが仏である」と言われた。

マザー・テレサの救済活動に参加したときのこと。

帰るとき、テレサに代わって神の愛の宣教者会本部を背負っておられるシスター・アンドレアに、「来年再訪の予定ですが、あなたはここにおられますか」と尋ねると、「それは全くわからない。いつどこへと待ったなしに命令が下ります。いつでも直ちに出発できるよう準備して毎日を過ごしております。荷物といっても小さな包みしかないから」と言われた。

出家の本来の姿を彼女らに見、かえりみてわが身を恥じたことであった。

数多き人々のうち
彼岸《ひがん》に達するは　まことかず少なし
余《あまた》の人はただこの岸の上に
右に左に彷徨《さまよ》うなり　　法句経

ある日、目の不自由なアヌルダはつぶやいた。「誰《だれ》か幸せを求める人は、私のこの針のメドに糸を通してくれないだろうか」と。ただちに応じて下さったのは釈尊御自身であった。恐縮しながらアヌルダはお質《たず》ねした。「お釈迦《しゃか》さまも幸せを求めておいでですか?」と。釈尊は答えられた。

「世間の人は皆幸せを求めているが、私ほど真剣に幸せを求めたものはいないであろう」と。

金とか名誉とか病気がなおる等、目先の幸せ、条件が崩れるとたちまち色あせる幸せは此岸《しがん》の幸せ。それを捨て、いかなる条件の中にあっても変わることのない真の幸せ、彼岸を求めそこに到《いた》る道や生き方を説かれたのが釈尊なのである。

「私が苦しみから救われる」のではなく、
「苦しみが私を救う」のです。　　尻枝正行

これはローマ法王の側近としてバチカンにおられた尻枝神父が、作家の曾野綾子さんに贈った言葉である。

どんなにすばらしい人に会い、その言葉を聞いても、受けとめる側の心に求めようというスイッチが入っていなければ、その人に出会うことも、その言葉を聞くこともできない。

釈尊は、求める心をおこせという前に、苦しみとその自覚を説かれた。

病苦はきびしいほど、まったなしに医者へゆき、医者の言葉を聞き、薬を飲もうとするように、苦に導かれて、切に求めようとする心が起き、始めて人や教えに出会うことができる。

借り物でない私に授かった苦が、救いの道への門であり、鍵《かぎ》でもあるというのである。

人の生くるはパンのみによらず　キリスト

ナチスがユダヤ人にとった極刑の一つに、煉瓦《れんが》の積み替えというのがあるという。今日は此方《こちら》の煉瓦の山を向こうへ運び、明日は向こうの山を此方へもどすということを、繰り返させるのだという。

そのことが何の役にも立たないことを、限りなく繰り返さねばならないということは、人間にとって何よりも苦痛なことであるから。

人はたとえ一銭も自分のものとならず、一口も自分の口に入らなくとも、そのことがどこかで誰《だれ》かの役に立っている、それだけで仕事に喜びを感じ、同時にそれが自分の生きている証《あかし》とも、支えともなるものである。

「人はパンのみにて生くるにあらず」といったキリストの心もその辺にあるのであろう。

仏道のためには命を惜しむことなかれ。
亦《また》惜しまざることなかれ。　道元禅師

道元禅師は七五〇年前の建長五年九月二十九日、御歳五十四歳にして世を去られた。病気治療のために上洛され、わずか半月余りにして。

ある人が、「道元禅師ともあろうお方が、なぜ愛する永平寺を離れて上洛し、俗弟子の家にて世を去らねばならなかったか」といったのに対し、石田和外氏（元最高裁判所長官）は、

「浜までは海女も　みの着る時雨かな」

の一句で答えたという。これは播州の瓢水《ひょうすい》という俳人の句だという。

いずれ海に入ってぬれる体ではあるが、意味もなくぬれることは生命を粗末にすることになる。生命を大切にして初めて、本命の仕事も全きを期することができるというのである。

人のおもいは、いずこへもゆくことができる。されど、いずこへおもむこうとも、
人はおのれより愛しいものを見いだすことはできぬ。
それと同じく他の人々も自己はこの上もなく愛しい。
さればおのれの愛しいことを知るものも、他のものを害してはならぬ。　相応部経典

ある日、コーサラ国のパセーナディ王が、王妃マッリカーに語りかけた。「どう考えても誰よりも自分が一番愛しいという結論に達した。そなたはどうか」マッリカーも深く自分を省みて「私も同じでございます」と答える。慈悲を説く釈尊のお心に背くように思え、二人して祇園精舎に釈尊を尋ね、このことを申し上げたとき答えられた釈尊のお言葉がこれである。

人は何といっても自分が一番愛しい。本能ともいうべき自我への愛執をごまかさず見据える。これが第一段階。次に、すべての人も私と同じように、誰よりも自分が愛しいんだ、と他に目を転ずる。だから他を傷つけず、慈しんでゆけとさらに転ずる。

仏教の慈悲が、泥んこの我愛の転じたものであることの深さを思う。

松影の暗きは月の光なり　古歌

松が立っている。暗い影を引いているのを見せてくれるのは、月が出ている証拠。真っ暗闇なら松が立っていることさえ見ることはできない。月の光が弱いと影もうすく、月影が明るいほど影も黒々と浮かびあがる。

ちょうどそのように、自分の欠点やあやまちは、教えの光、仏の光に照らし出されることによって、気づかせていただけるものなのである。例えば運動会。わが子や孫がスタート・ラインに立ったら身内の者はわが子や孫しか見ていないであろう。わが子や孫が友達を追いこしたらとびあがって喜ぶだろう。反対に友達が、わが子わが孫を追いこしたときも、同じように拍手がおくれるか。拍手がおくれないばかりではない。憎らしくさえなるのではないか。しかもそういう自分に気づいていない。

これほど利己的な思いをむき出しに見ている自分に気づかせていただけるのは、教えの光に照らされてこそなのである。

さらには、わが非に気づくところに争いはないことも心にとめておきたい。

月も雲間のなきはいやにて候　村田珠光

昨年の名月は台風のため見られず、十六夜をたのしんだ。

台風一過で雲が変化に富み、思わず雲水たちと二時間も月見に時をすごしてしまった。

今年は十五夜も十六夜も雲一つなく冴《さ》えわたっており、月見には出たものの、「ああ、きれいね」で終わり。雲がないということは退屈なことである。

人生も同じだな、と思う。

お互いに何もなかれと願うけれど、何もなかったら退屈でかなわないだろう。

旅は変化があったほうがおもしろいように、人生の旅も、愛する日あり憎しみあう日あり、病む日あり健康な日あり、失敗あり成功あり、いろいろあったほうがよいと、いただけるようになるとよいのだが。

ひとかかえほどの磐石
風にゆらぐことなし
かくのごとく　心あるものは
そしりと　ほまれとの中に　心うごくことなし　　法句経

台風の季節になると思い出す言葉である。道元禅師は「恥ずべくんば明眼の人を恥ずべし」とおっしゃり、「凡眼に恥じて凡情に堕す」という言葉もある。

誰に恥じ、何を恥じるかでそこに展開する世界は全く逆になる。

朝から晩までの私の生きる歩みのモノサシを、気ままな、ご都合次第、腹具合次第でコロコロ変わる私の思いや、あるいは世間の人々が褒めるかけなすか、というようなところに置くと、悔いばかりとなろう。

そうではなく、心の眼を開いた人の目、仏の眼を恥じ、仏にひっぱっていただき、仏がよしとおっしゃる生き方をこそしたいものと思う。

からすうり（10～11月）

道《どう》は無窮《むぐう》なり　道元禅師

シュギョウという言葉をあらわすのに二つの書き方がある。「修業」と「修行」である。修業の方は技の習練であり、生業《なりわい》の習得であり、これには上達も一応の卒業もある。

そのかわりうっかりすると競りあいの世界や、上達したとうぬぼれ、卒業したと高慢になるという落とし穴があることを忘れてはならない。

それに比べ修行の方は、生き方であるから卒業はない。卒業とは書いても卒行とは書かないように。

むしろ修行の方は深まるほどに足りない自分に気づき、一層、謙虚になってゆくというものではなかろうか。

昔から「みのるほど頭を下げる稲穂かな」という句が語りつがれているが、「道は無窮なり」のお心もそれであろう。みのりの秋を迎える度に思い出す言葉である。

じゅずだま（10～1月）

十万億土とは、自分から自分への距離のことだ。　沢木興道

二つの自分を、自我と自己とに言い換えたらわかりよい。

〝罪悪深重の凡夫〟と気づく親鸞さまは浄らかだ。この泥んこの私を自我と呼び、それに気づき、恥じるもう一人の私を自己と呼ぶ。

闇《やみ》は闇を照らし出しはしない。闇を闇と照らし出し、気づかせてくれるのは光であるように、泥んこの私に気づかせてくれるのは、浄らかな私なのである。

このもう一人の私は、正しい師に、教えに出会うことにより、坐禅や念仏に出会うことにより育っていく。

もう一人の私が、大きく育ち、その眼が深まるほどに一層私の中の泥が見えるようになり、泥んこの私ともう一人の私、自我と自己の距離はますます遠くなる。

そこを十万億土と表現されたのであろう。

あ け び（9～10月）

同事というは不違なり。自にも不違なり。他にも不違なり。
譬《たと》えば人間の如来は人間に同ぜるが如し。　道元禅師

同事というのは事を同じくするという意味で、相手と全く一つになってゆくことであり、不違というのは、背かないということ。

相手と一つになることが、どちらかに無理が生じ、犠牲になるというのではなく、どちらも生き生きとしている姿といったらよいだろうか。

マザー・テレサは、裸足《はだし》で暮らすインドの貧しい人々の中へ入ってゆくとき、自分も裸足になった。裸足を恥とするヨーロッパの生活習慣の中で育ったテレサが。

そのテレサによって限りなく多くの人が救われ、同時にテレサの生涯も輝いた。

同事と不違の菩薩の誓願の姿をテレサに見る思いである。

あ　お　き（9～3月）

投げられた　ところで起きる　小法師かな　　古歌

起き上がり小法師、つまり縁起達磨《だるま》はポンと投げられたところが、ごみだめであろうが、泥道であろうが、クルリと起き上がり、そこに腰を据える。

絹の布団の上でなければ嫌だなどとぐずりはしないというのが、この句のこころである。

縁起達磨は西暦五〇〇年ごろ、インドから禅を中国に伝えた達磨大師の坐禅《ざぜん》のお姿である。

雪深い嵩山《すうざん》の少林寺で九年の間坐禅をし続けられ、十月五日に亡くなられたことになっている。

一日十五時間の坐禅さえ大変なのに、九年間姿勢を崩されずにやり通す、この粘り、この腰のすわりさえあれば、どんなことも成就するであろう。

縁起達磨が人々に語りかける真意は、そこにあることを忘れてはならない。

花はさかりを、月は隅《くま》なきをのみ見るものかは。　兼好法師

花見といえば満開を、月見といえば満月をと思うがそうではないと、『徒然草《つれづれぐさ》』の中で兼好法師は語る。

兼好法師の言葉を待つまでもなくわれわれ日本人は、九月は十五夜の仲秋《ちゅうしゅう》の名月を、十月は十三夜を、十六日は十六夜《いざよい》、十七日は立待月《たちまちづき》、十八日は居待月（いまちづき）、十九日は寝待月《ねまちづき》、さらに雲間の月を、無月を、弓張月《ゆみはりづき》を、というように、うつろいゆくすべてをたのしんでいる。

無常を説く仏教に育てられた日本人のゆたかな感性ともいえよう。

これは月や花の話ではない。人の一生も、生まれる日あり、老いる日、病む日、死にゆく日あり。愛する日もあれば憎しみに転ずる日もある。

そのすべてを人生の景色として楽しんでゆけというのである。道元禅師はこの心を「生死は仏家の調度」といわれた。

誰《た》が家にか明月清風無からん　中国・碧巌録《へきがんろく》

しずけさを一層ひきたてるかのようにして鳴いている小鳥たちの声に、耕す手を休めて樹上をふり仰ぐ。

アルプスおろしの風が心地よく額の汗をぬぐっていってくれる。

通りかかった老女が声をかけてきた。「もう山には雪が来て、今日の風の寒さは身にしみますね」

一つの風を心地よい極楽風と受けとめるか、無慈悲な寒風と受けとめるか、問題は風の方にあるのではなく、受けとめる側にあるようである。

月の光やさわやかな風の至らない家などどこにあろうか。

すべての家、すべての人、すべての物の上に、全く平等に月の光はそそぎ、さわやかな風はみちている。

眼を開き、窓をあけ放ってごらん。どこもその只中《ただ》だよというのである。

タタケトナ　開カレツルニ

柳宗悦

「求めよ、さらば与えられん。尋ねよ、さらば見出ださん。門を叩《たた》け、さらば開かれん」、これはあまりにも有名な新約聖書の中のマタイ伝の一句である。

若き日、私はこの言葉に反撥《はんぱつ》していた。

求めなければ与えられないのか。叩かなければ開かれないのか。

神や仏の慈悲は、無条件に開かれ、与えられているものではなかろうか、と。この柳宗悦さんの「タタケトナ　開カレツルニ」の言葉を、わが意を得たりとばかりにふり回して。

しかし、今は違う。神や仏の慈悲が無条件に開かれ、与えられていることに変わりはないが、積極的に叩くという、切に求めるという、真剣に尋ねるという心の立ちあがりがなければ、頂けず、聞こえてこないのだということに、ようやく気づかせていただいたことである。

くだり坂には　またくだり坂の　風光がある

榎本栄一

ころんで圧迫骨折をして入院した。

初め部屋の都合で、呼吸器の病棟に仮住まいした。足腰に故障のない人々の中で、一人歩行器の力を借りて歩いていると、自分の姿がひどくみじめに見えた。

間もなく整形病棟に移ったら、此方《こちら》は車椅子《いす》か松葉杖《づえ》の人ばかり。その中を歩行器で歩いていると、とても格好よく見え、私も得意気にさっそうと歩いていることに気づき、思わず苦笑した。

私自身、歩行器で歩いているという事実に変わりはないのに、周囲の情況でこうも変わり、「比べるな」と言いながら、無意識に比べている自分の姿もまたおかしい。

どうなろうと、そこでなければ見ることのできない景色をたのしみ、味わってみようと腰をすえると、どこもたのしく、又学ぶことが多いものである。

いづれも得法を敬重すべし。男女を論ずることなかれ。
これ仏道極妙の法則なり。　道元禅師

中国・唐時代、臨済義玄の弟子の灌渓志閑《かんけいしかん》は、悟後の修行として末山了然尼《まつさんりょうねんに》を訪ね、数番の問答の後、「いかなるかこれ末山の主」と質《たず》ねた。

了然尼が「男女の相に非ず」と答えるや「何ぞ変ぜざる」――女には五つの障りがあり、男に変わらなければ成仏できない。なぜ男の姿に変わらないのか――と喝する志閑。

「妖怪変化じゃありまいし、なぜ変わらねばならないのじゃ。女は女のまま、男は男のままに成仏じゃ」と答える了然尼。

志閑は完全に兜を脱ぎ、弟子の礼をとって了然尼の会下《えか》でさらに三ヵ年の修行をした。

道元禅師はこの故事をとりあげ、「いづれも得法を敬重すべし、男女を論ずることなかれ」と説かれた。

真実は時と処を超えて光を失わず、行じ続けられてきたことに、深い感動をおぼえる。

勝ってさわがれるより、負けてさわがれる力士になれ。　二十八代立行司　木村庄之助

国体に出場するという選手が坐禅にやってきた。

「全力を尽くしてやりなさい。

でも勝ち負けはおまかせ。それよりも競技から学ばなければならないことが沢山《たくさん》ある。

昔から『失敗が人間を駄目にするのではなく、失敗にこだわる心が人間を駄目にする』といわれるように、失敗してもただちに起きあがることができる心の柔らかさこそ大切。

さらには、負けたことをよい経験とし、踏み台として、勝つことよりも一層高く深く人間的に成長してゆくことの方が、もっと大切でしょう」と。

そして冒頭の、立行司、木村庄之助氏の一句を贈り、「勝ってさわがれるは力と技、負けてさわがれるは人格の重さ、競技を通して人生の生き方を深く学んでほしい」と云《い》いそえたことであった。

なすことの一つ一つがたのしくて　命がけなり遊ぶ子供ら　古歌

「世間では労働基準法だの残業手当だのとやかましいが、私は朝四時から夜の十時まで、坐禅したり講義したり。その上、夜中まで翌日の講義の下調べをする。けれども何ともない。遊びじゃから」

これはある日の沢木興道老師のお話の一節である。このお言葉に接したとき、私はハッとし、思わず襟を正した。老師ほどのお方が、いやこのような常精進の御生涯あってこその老師だったんだ。どうして私が安眠を貪ってよかろうと。

この沢木老師の姿勢から学びたい事。まずは坐禅や講義をする、そのことに命をかけ、しかも遊びとして楽しんでやっておられるということ。われわれはどうか。人にやらされて仕方なしにやっていないか。さらにはどれだけ駄賃をもらえるかと、駄賃を目当てにやってはいないか。

子供は遊びそのものを目的とし、遊びを何かを手に入れるための手段とはしていない。しかも命がけでやってもたのしんでやっている、というのである。

まこと　色うるわしく咲ける華に
香りの伴うごとく
善く説かれたる語は　これを身に行うとき
はじめてその果実はあらん　法句経

釈尊とその教えとその実践を、太田久紀先生は、作曲家と楽譜と生演奏にたとえられた。見事なたとえだと感服している。

どんな名曲を作曲し、楽譜に写しても、楽譜が読めない者にとっては猫に小判であるが、生演奏を聴けば感動がある。

生演奏をされて初めて音楽も命が与えられるように、釈尊の教えも、行ずることによって生きたものとなる。

昔から「親の言う通りにはならないが親のする通りになる」といわれている。「言う」というのは楽譜であり、経典であり、「する」というのが生演奏である。親になることの責任を思うことである。

いまの一当《いっとう》はむかしの百不当《ひゃくふとう》のちからなり、百不当の一老なり。　道元禅師

弓矢にたとえてのお示めしである。

今ようやく的に当てることができた。それは過去の百回千回の失敗の積み重ねによって得た力だというのである。

当は承当《じょうとう》、老は老熟。一当を一老とおきかえられたお心の深さを見落としてはならない。

何事も時間をかけねば本物にはならない。

といっても、ただ時を過ごせばよいというものではない。漫然と手をこまねいて待っていても熟しはしない。

一日一日、一歩一歩を大切に歩んで初めて一老があるのである。

むしろ当不当を考えずに、今日只今《ただいま》に命をかけて生きさえすれば、一当一老はむこうからやってくるというものではなかろうか。

私が　こんなに赤あかと。
自分のちからだけで　なれません。
天地さまのご助力。　榎本榮一

これは「柿」という題で詠まれた詩である。

桃栗三年柿八年とよくいうが、柿がなり始めるまでに何年かの歳月が必要だ。その木を育てるために、大地が、雨が、雲が、太陽が、空気が……。天地いっぱいの助力があってはじめて柿一つが赤くなることができるのである。

柿を赤く色づかせるその同じ働きが、紅葉を散らせ、その陰に早くも春の芽を準備する。

その同じ力が私に眠りをもたらせ、眠っている間もまちがいなく呼吸もさせ、心臓も働かせてくれている。私の力ではない。

天地いっぱいのお働きをいただいてこそ、と気づかせていただいたとき、南無と手があわさる。

精いっぱい生きる日が
もう一日与えられているとは　なんと幸いなことだろう　アントニー・デ・メロ

メロのこの言葉に出会ったとき、私はハッと胸をつかれた。

「あと一日の人生」と宣告されたら、私はどれほどにうろたえることであろう。「もう一日しかない」と。

ところがメロは「もう一日与えられている」とこおどりせんばかりに喜んでいる。

一杯のコーヒーも「あとこれだけしかない」と見るのと、「まだこれだけある」と見るのとでは、同じものながら全く違った姿のものとなる。

老いを嘆く老人に私は言った。

「失ったものを嘆いてもしようがない。私の残された人生の中では今日が一番若い、今が一番若い。よし、がんばりましょう、と思うことにしています」と。

頭白しとて
このことによりてのみ　彼は長老たらず
彼の齢《よわい》　よし熟したりとも
これ空《むな》しく　老いたる人とのみ　よばれん　法句経

「上手に齢を取ろうなあ」「上手に齢を取るには勉強が大事だな」と、九十余歳で亡くなられた妙心寺管長の古川大航老師は口癖のように語っておられたという。

そばに侍しておられた松原泰道老師も今は九十一歳（平成十年）。「上手に齢を取るというのはテクニックではない。またそのための勉強といってもそれは普通の勉強ではなく、どう人生を生きていくかという勉強です」と言葉を添えておられる。

柿《かき》やリンゴだって秋にならなければ熟しはしない。といって手をこまねいて待っていればよいというのではない。

一日一時を大切に生きることの積み重ねがあって初めて豊饒《ほうじょう》な秋を迎えることができるのである。

古《いにし》へに三たび復《かえ》さふして後に云《い》へと。
云う心は、凡《およ》そものを云はんとする時も、
事を行ぜんとする時も、
必ずみたび復さふして後に言行《ごんぎょう》すべしとなり。　道元禅師

釈尊はお話をされるとき必ず三つのことに留意されたという。

第一は、そのことが真実であるかどうかをたしかめる。

第二は、そのことを相手に伝えて相手のプラスになるかどうかをたしかめる。

第三は、それを伝えるに時を択《えら》ぶ、というのである。

そのことがどんなに真実でも伝えないほうがよいこともある。またどんなに相手のためになることでも、伝えるに時と処《ところ》を択ばなかったばかりにマイナスの結果を招くこともある。

道元禅師はさらに、「三たびということ」であり、幾度もということの道にかなうや否やと省みて後に云い、また行えとおっしゃる。

癌《がん》は
私の　見直しの人生の　ヨーイドンの癌でした
私　今　出発します　　鈴木章子

この詩は、北海道・斜里のお寺の奥さま、鈴木章《あや》子さんの詩である。

章子さんは言う。〝人生はやりなおしはできないが、見直し、出直すことはできる〟と。

癌のお蔭《かげ》で死を見すえる眼《め》が深くなり、一日いただくことができた生命《いのち》の限りない重さにも気づかしていただくことができ、初めてこの生命、どう生きたらよいかも見えてきた。

死は終着点ではない。出発点だ。よし、やるぞ！　というのである。

「乳癌だけでは気づかないボンヤリ者の私のために肺癌、転々移という癌までくれまして、〝章子よ、目覚めよ〟との如来さまの大慈悲の贈り物であった」と感謝しつつ、四十七歳の生涯を閉じられた。

愧《は》づべくんば　明眼《みょうげん》の人を　愧づべし

道元禅師

恥を知らねばならない。しかし何を恥じ、誰《だれ》に恥じるかで、中身は全く反対になる。泥棒の子分が親分に「盗みそこなって申し訳ありません」とあやまるのも恥の一つである。大切なことは、何を善とし、何を悪とするかのモノサシの基準をどこにおくかにあろう。

アメリカの善はタリバンにとって悪、タリバンの善はアメリカにとって悪、というように、凡夫のモノサシは立場が変わると変わる。ブッシュ大統領もタリバンも、共に聖戦と称して争っている。凡夫の争いは必ず正義の旗印のもとに行われる。

聖人は争わない。おのれが聖人ではないことを知っているから。おのれの非を知っているから。

神の眼、仏の眼を恥じ、怖《おそ》れ、導かれてゆくところに争いの起きるはずがない。

善者《ぜんしゃ》に親近《しんごん》すれば霧露《むろ》の中を行くがごとし。衣《え》を湿《うるお》さずといえども時々に潤《うるおい》有り。

中国・唐・潙山《いさん》霊祐

早朝、雨あがりなど、霧が深くたちこめている中を歩いていると、何となく着物がしめっぽくなるように、よい人々の中、よい環境に身をおくと、おのずからよくなるというのである。

仏教に「熏習《くんじゅう》」という言葉がある。

香りがしみこんでゆくのにたとえ、一人の人間の人格を形成してゆく要素となるものは知識として学んだり習い覚えたことばかりではなく、育った家庭のあり方や、隣近所ひいては国全体の姿まで、その中にあって空気のように吸い、聞き、眺め、肌で感ずる、そのすべてが心の深みに熏習され、人格を形成してゆくというのである。

人生の第一歩における師は、最も身近な両親や家庭であることを忘れてはならない。

何もかもなげうって　死さえもいとわないほど
価値ある宝が見つかった時にこそ　人はほんとうの意味で生きる

アントニー・デ・メロ

昔、雪山に一人の修行者がいた。「諸行は無常なり是《こ》れ生滅の法なり　生滅を滅し已《おわ》って寂滅を楽と為《な》す」の教えを請うて、羅刹鬼《らせつき》に命を捧《ささ》げた話が仏伝に伝えられている。何を最高の宝とするかは人によって違う。クレオパトラや楊貴妃に命をかけた政治家もあれば、名誉や財産のために妻子を犠牲にする人もいる。

「色は匂へど散りぬるを　わが世たれぞ常ならむ　有為《うい》の奥山今日越えて　浅き夢見じ酔いもせず」は弘法大師が四句を歌に訳されたものと伝えられている。

名誉や財産や色香に酔いしれているさまを「有為の奥山」にさまようという。

そのはかなさに気づき、醒《さ》め、真実の生き方を教える人や教えを求めて命をかける。

そしてそれに出会うことができたとき、最高に命輝くときといえよう。

火といって何ぞ曾《か》って口を焼き来たる　大智禅師

禅家では十月一日（陰暦）開炉といって炉に火を入れる。冒頭の一句は「開炉」と題する大智禅師の詩の一節である。

内山興正老師はよくおっしゃった。

「『火』という言葉が事実なら、『火』といったとたんに口が火傷《やけど》し、『火』と書いたとたんに紙が燃え出すはずだ。いくら『火』といっても、書いても、火傷もしなければ、燃えもしない」と。

文字や言葉は事実を指示する記号であって事実ではない。

文字や言葉、つまり学問による方向指示は大切だが、そこに止まらず、それを離れ、事実を見つめ、事実と一つになれ、と説く。

「火」といわなくても火を入れれば暖かくなり、熱い粥《かゆ》を食べれば体が温まるように、言葉や概念をもてあそぶ暇があったら実践せよ、と古人は語りかける。

世の中には、なくてはならぬ人、
いてもいなくてもどうでもいい人、
いないほうがいい人、とあるが、さてあなたは？　沢木興道

巡錫《じゅんしゃく》から帰られた沢木老師が「門前に掲示伝道をしたらどうか」といって、例えとして言われた言葉がこれだった。

弟子の内山興正老師は早速実行し、一回目は沢木老師の言葉をそのままに出し、二回目は〝「自分からなくてはならぬ人間だ」という顔をしたとき、その傲慢《ごうまん》のゆえに、周囲からは「いないほうがいい人」といわれる人になっていることを忘れるな〟と書いて出されたという。

「自分など迷惑ばかりかけて、ほんとうはいないほうがいい人間だけれど、がまんしていただき、許していただき、救《たす》けていただいて生きている。そのご恩返しとして出来るだけのことはさせていただきましょう」という謙虚な姿勢で生きる人こそが、人びとから「なくてはならぬ人」といわれる人なんだというのである。

一日の光陰は短しといえども
これを空《むな》しゅうすることなかれ
一夜を捨つるは
こはこれ汝の生命を減ずるなり　　長老偈経

一日に終わりがあり、一年に終わりがあり、人の一生に終わりがあるということは素晴らしいことだ。

音もなく過ぎゆく時の足音に耳をそばだてることができるから。過ぎ去った時、時とともに過ぎ去った私の命は、決して取り戻せないということに気づくことができるから。

「また、いつか」という姿勢である限り、一生何もできないであろう。十余年、癌《がん》とともに生きた友が不帰の客となった。健康で長生きした人よりたくさんの仕事を成し遂げて。部屋の隅には最期の日の身支度と病院ゆきの荷物が、つねに準備されてあった。

「滅《ほろび》は仏の慈悲の贈り物」と言った人の言葉を思う。

過ぎ去れるを追うことなかれ
未《いま》だ来たらざるを念《おも》うことなかれ
過去、そはすでに捨てられたり、未来、そはいまだ到《いた》らざるなり、
ただ今日まさに作《な》すべきことを熱心になせ、
たれか明日死のあること知らん。　中部経典

人はとかく過去がよくて今が悪いと、過去の栄光で今を飾ろうとする。

反対に過去が悪いと、いつまでも心の重荷として過去をひきずり今が立ちあがれない。

悪い過去も転じ方で肥料となるはずだ。

同様に明日の人生も、たとえ大きく開かれた扉も、今日の生き方で閉ざされてしまい、
反対に固く閉ざされた扉も、今日の生き方で大きく開かれてゆく。

過去を生かすも殺すも、未来を開くも閉ざすも、今日只今《ただいま》の生き方にかかっていることを忘れまい。

自分免許はあぶない
これでよろしいかと
よき人に見てもろうて
また道をあるく　榎本榮一

私は五歳で叔母の寺へ入門した。叔母は私を本尊である阿弥陀如来の前へ座らせてこう語った。「仏さまはいつでも見守り通しに見守っていてくださるのだよ。それから両方の御手ともに親指と人さし指でマルをつくっておられるだろう。もしお前が悪いことをすると、あの手のマルが三角になるんだよ」と。

わがままな凡夫の私がどんなにやりたいことでも、仏さまが三角といわれることはしてはならない。凡夫の私がどんなにやりたくないことでも、仏さまがマルとおっしゃることはせよ。

たった一度のやりなおしのできない人生を、気まぐれな私の思いを先とせず、仏さまにお質ねし仏さまにひっぱっていただきながら歩め、と叔母は教えてくれたのである。

わかっているかい　死ぬんだよ
そう、お前さんも　このわたくしも

小倉玄照

アメリカの山の中の参禅会で一人が質問してきた。

私は「死の宣告は仏の慈悲か」と。

「そうです。人は皆死の宣告を受けているものです。ただつまらないことに心奪われて、その声が聞こえないだけです」と答えた。

たとえ臓器移植を受けようと、ついには死んでゆかねばならないという天地の法則の前に、医学は全く無力なのである。

釈尊も生老病死の四苦からの解脱を説かれたが、それは苦から目をそらすのではなく、苦を見すえることによって超えてゆく道を説かれたのである。

病気の裏打ちあって健康がまぶしいものとなり、死の裏打ちあって初めて生は輝きを見せるものであるように。

同一人物のふるまいが可愛《かわい》くもおもえ、憎くもおもえる。
同じ日の出や日の入りが、
大晦日《おおみそか》でもあり元旦《がんたん》でもある。　沢木興道

師走も末になるほど、太陽もくたびれて見えたり、せわしなげに見える。一夜明けて迎えた元旦の太陽は、何となく新鮮に感ずるから不思議だ。太陽に変わりはないが、見る側の心のあり方が変わっているからである。

愛し合っているときはアバタもエクボに見え、ひとたび憎しみに転ずるとエクボがアバタに見えてくる。

問題は向こうにあるのではなく、私の方にある。

大切なことは、そういう気まぐれな私をしかと見据え、そういう私に振り回されないもう一人の私をいかに育てるかにあると言えよう。

皮膚の内側だけが自分ではない。
尽十方世界《じんじっぽうせかい》　真実人体《しんじつにんたい》。
全体で生きている。　沢木興道

その昔、たてつづけに転んで両足を捻挫《ねんざ》した上に腰までひねってしまったときのこと。咳《せき》やアクビをしても腰や足にひびくことを通して、咳一つ、アクビ一つも体全部が総力をあげて手伝ってくれているんだなと気づかせてもらったことがある。

また、開腹手術を受けたときのこと。

体中の痛みで目がさめて時計を見ると、きまって真夜中の二時前後であったとき、〝ああ、太陽が私と反対の位置にあるんだな〟と気づき、人も息をひきとるのはこの時間が多いと聞いていたことを思い出し、天地いっぱいのお働きをこの一身に受けて生かさせていただいていたんだな、とあらためて思ったことであった。

過去が咲いている今、未来の蕾《つぼみ》で一杯な今

河井寛次郎

「四十歳になったら自分の顔に責任を持て」といったのは、リンカーンであったか。

与謝野晶子に師事していた某氏が、しみじみと、ほれぼれと語った。

「晩年の晶子は実に美しかったですな。（顔の）造作はそれほど良い人ではなかったですが。赤貧洗うが如き生活の中で子育てと、夫の鉄幹を支えながら文学に生き抜いたその苦労が、晶子を美しく磨きあげたのでしょうなあ」と。

人の目はごまかすことができても、刻々をどう生きてきたかという事実は事実として、一点のごまかしもなく私の人格を刻み続ける。

五十歳の人は五十年の歳月、七十歳の人は七十年の歳月の生き方の総決算が今の私の姿であり、同時にそれが明日を開いてゆく姿でもあるというのである。

憎き心をもちて人を叱《しか》る客の前にて、人を叱る　良寛

良寛さまは、そこにおられるというだけで、居あわせた人々の心を安らかにし、生きてゆく力を与えるというお方であったようである。

しかし自分自身にはきわめて厳しく、「言葉についての戒め」だけでも、百ヵ条に近いものを書き残しておられる。

「戒語」と呼ばれるのがそれで、その初めの方に二度までも「叱る」という行為についての自戒が記されている。

われわれはとかく人を叱るとき、憎しみの心を持って叱ったり、人の前で叱ったりしてしまう。たとえ叱るべきことであっても、それでは反発しか残らないであろう。

如浄禅師は雲水を叱るとき涙して叱り、雲水たちはそれを泣いて喜んだという。

「叱る」とは愛の心の極みの姿であることを忘れまい。

傷に大小はあっても、傷は傷じゃ。
借りものでない自分の傷を、大事にすることじゃ。

米沢英雄

大晦日には百八の除夜の鐘をつく。百八というのは仏教で分類した人間の煩悩の数である。除夜とは夜を除くと書く。夜とは道理に暗いための闇である。道理に暗く、道理にもとる生き方のゆえに、みずから招いた苦しみの闇である。夜を除く、煩悩の闇を除くと書くが、除くのではない。人々は悲しみや苦しみを嫌うが、むしろその傷を大切にせよとおっしゃる。一つの話を聞いても、私の抱えている悲しみや苦しみと同じところで火花が散るように、私の迷い、私の傷口、そこから教えがしみこむのである。

新入社員研修のあと、足の痛かったことのほかは肝心な話が聞けていなかった青年達の中で、たった一人、重病を患った青年が「病苦と重ねて講話を深くいただけてうれしかった」と語ってくれたのが印象的であった。百八といっても、借りものでない私の闇、私の傷みに導かれ、それを鍵とし、そこを入り口として教えに出会い、闇は転じて光明となって元旦を迎える。それが除夜の鐘の心であることを忘れまい。

自由って？　歩いてみなはれ。

なーんでもないことによ、気がついたら、しめたもんや。　清水公照

超能力があるといわれ、勉強が手につかないという中学生とその母親が訪ねてきた。私は厳しく語りかけた。

「普通の人の目や耳に聞こえなくてもラジオやテレビのスイッチを入れれば、そこに音声や映像が映るように、この宇宙空間にはあらゆる電波がとびかっているでしょう。それを受信する道具を一つ余分に持っているだけで、宗教とも人格とも関係ありません。むしろ余分に持っている道具を使いこなす力が、その人に備わっているかの方が問題です」

と。

東大寺前管長の清水公照長老の語るように、二つの足が右左と交代に前へ出てこの体を運んでくれる、眠っている間も呼吸が出入りして生かしてくれている。

この何でもないことこそ大神通《だいじんづう》であり、それに気づくことこそ大切と仏は説く。

人生を直線的に考えず、円環的に考えてはどうかな。　余語翠巌

〝われわれは時間とか人生というものを、過去・現在・未来と、とかく直線的に考えがちであるが、円相で考えたらどうか〟とおっしゃり、「無始無終圓同大虚」――無始無終圓《まど》かなること大虚に同《おな》じし――と御染筆下さった、余語老師の半折を大切にしている。

円相には始めもなければ終わりもない。

ということはどの一点も終着点であると同時に、出発点だということでもある。今日只今《ただいま》は、何十年生きてきた人生の総決算であると同時に、明日への出発点でもあるというのである。

刻々にしめくくりであると同時に、垢《あか》づかぬ初発心《しょほっしん》の心で、しかも過去を背負いこまず、未来を抱えこまず、前後裁断して今日只今に立ち向かえ、というのである。

年の暮れや正月ばかりではなく、時々刻々に、しかも卒業なし〈無終〉の姿勢で。

著者紹介

青山　俊董（あおやま・しゅんどう）

昭和８年、愛知県一宮市に生まれる。五歳の頃、長野県塩尻市の曹洞宗無量寺に入門。15歳で得度し、愛知専門尼僧堂に入り修行。その後、駒澤大学仏教学部、同大学院、曹洞宗教化研修所を経て、39年より愛知専門尼僧堂に勤務。51年、堂長に。59年より特別尼僧堂堂長および正法寺住職を兼ねる。現在、無量寺東堂も兼務。昭和54、62年、東西霊性交流の日本代表として訪欧師、修道院生活を体験。昭和46、57、平成23年インドを訪問。仏跡巡拝、並びにマザー・テレサの救済活動を体験。昭和59年、平成９、17年に訪米。アメリカ各地を巡回布教する。参禅指導、講演、執筆に活躍するほか、茶道、華道の教授としても禅の普及に努めている。平成16年、女性では二人目の仏教伝道功労賞を受賞。21年、曹洞宗の僧階「大教師」に尼僧として初めて就任。曹洞宗師家会会長、明光寺（博多）僧堂師家。

著書：『生かされて生かして生きる』『くれないに命耀く』『手放せば仏』『光のなかを歩む』『光に導かれて』『光を伝えた人々』（以上、春秋社）、『新・美しき人に』（ぱんたか）、『一度きりの人生だから』『あなたなら、やれる』（以上、海竜社）、『泥があるから、花は咲く』（幻冬舎）他多数。

あなたに贈る　ことばの花束

2006年10月20日　第１刷発行
2017年２月20日　第６刷発行

著者Ⓒ＝青山　俊董
発行者＝澤畑　吉和
発行所＝株式会社春秋社
〒101-0021　東京都千代田区外神田2-18-6
電話　(03)3255-9611（営業）(03)3255-9614（編集）
振替　00180-6-24861
http://www.shunjusha.co.jp/
印刷所＝萩原印刷株式会社
装　画＝荒崎　良和
装　幀＝本田　進

ISBN 4-393-15328-6　C0015　　Printed in Japan
定価はカバーに表示してあります

青山俊董の本

くれないに命耀く
禅に照らされて

熱烈な求道の道々にある出会いと別れの数々。その機縁を和歌に活かして成った随筆は、自身の身の置き所を失ったすべての人びとに送る自己再生のための「人生講話」。

一八〇〇円

手放せば仏
「従容録」にまなぶ

何ものにも依らず、とらわれずに自在に生きる。それこそが人間の〈いのち〉がもつ光＝仏性のはたらきである。この光を人から人へと軽やかに伝えていくことの大切さを説く。

一八〇〇円

光を伝えた人々
従容録ものがたり

碧巌録と並ぶ公案集として有名な従容録の問答を機縁に、単なる禅問答の知的理解にとどまらず、あくまでも生活に根ざした「今・ここ」をいきいきと生きるための智慧を語る。

一七〇〇円

光に導かれて
従容録ものがたりⅡ

禅の公案集として名高い『従容録』一則一則の要諦を懇切に解説。即今只今を真実に生きるための素材として豊富な話材を駆使して語る易しい法話集、第二集。

一八〇〇円

光のなかを歩む
従容録ものがたりⅢ

かけがえのない「即今只今」を、ほんとうに真摯にかつ真実に生きるための素材として、『従容録』の禅問答を豊富な話材を駆使して語る法話集の白眉。待望の第三集、完結編。

一八〇〇円

▼価格は税別。